健康・食育・安全の文例・イラストがいっぱい！

保育おたより文例集

本書の特色		4

健康編

4・5・6月	文 例	6
	早起き早寝で生活リズムをととのえよう！　登園前に健康チェックをしましょう　休日のすごし方　和式トイレにも慣れておこう！　ほか	
	飾り枠	10
7・8・9月	文 例	11
	プール前に確認を！　太陽と上手につき合おう！　冷たいもののとりすぎに注意!!　生活リズムをととのえましょう！　ほか	
	飾り枠	15
10・11・12月	文 例	16
	ノーメディアデーにチャレンジしてみましょう！　11月8日はいい歯の日　かぜ・インフルエンザの予防のために　ほか	
	飾り枠	20
1・2・3月	文 例	21
	せきエチケットはできていますか？　よいうんちを出すために必要なことは？　花粉症の対策をしましょう　1年間の生活チェック　ほか	
	飾り枠	25
0・1・2歳用	文 例	26
	乳児の健康チェックポイント　トイレトレーニングのすすめ方　ほか	
乳幼児に多い感染症	文 例	29
	ヘルパンギーナ　手足口病　インフルエンザ　感染性胃腸炎　ほか	
	飾り枠	31
たより	ほけんだより	32

食育編

4・5・6月	文 例	34
	朝ごはんは目覚めのスイッチ　幼児にとっておやつとは……？　グリンピースのさやむき　5月5日は端午の節句　食べる時の姿勢　ほか	
	飾り枠	38
7・8・9月	文 例	39
	7月7日は七夕　旬のおいしい夏野菜を食べよう！　忘れないで！大切な水分補給　どんな行事？お盆　ほか	
	飾り枠	43

10・11・12月	文例 ··· 44
	今がおいしい旬の魚　赤黄緑をそろえて栄養バランスのよい食事を！ 楽しいいもほり！　成長を喜び祝う儀式　七五三　ほか
	飾り枠 ··· 48
1・2・3月	文例 ··· 49
	「ハレの日」ともち　節分と大豆　はしの持ち方　ひな祭り　楽しく 食べるための食事のマナー　ほか
	飾り枠 ··· 53
0・1・2歳用	文例 ··· 54
	離乳食のすすめ方について　おやつも食事の1つです　ほか
乳幼児が気を つけたい食物 アレルギー	文例 ··· 57
	食物アレルギーとは　乳幼児に多い食物アレルギーの原因食　ほか
	飾り枠 ··· 59
たより	食育だより ··· 60

安全編

4・5・6月	文例 ··· 62
	交通安全　道路をわたる時の注意点　雨の日の登園は　ほか
7・8・9月	文例 ··· 65
	車内への置き去りは危険！　夏　不審者に注意！　ほか
10・11・12月	文例 ··· 68
	スマホではなく子どもを見てください　車の近くでは遊ばせない　ほか
1・2・3月	文例 ··· 71
	やけどを防ぐには「触らせない」　安全な服装で　ほか
0・1・2歳用	文例 ··· 74
	危険　ベビーカーの荷物のかけすぎ　誤飲の場合には　ほか
家庭内で 起こりやすい 事故	文例 ··· 77
	気をつけて!!　洗面所　気をつけて!!　浴室　ほか
	飾り枠 ··· 78
たより	安全だより ··· 79

DVD-ROMの使い方 ·· 80
DVD-ROMの構成 ·· 83
さくいん ··· 84
参考文献 ··· 87

本書の特色

本書は、「健康」、「食育」、「安全」をテーマにしたたよりなどをつくる時に使える文例やイラスト、飾り枠をたくさん収録しています。

すべて書きかえ自由！
文例は、jpg版のほかに、テキストデータも収録しているので、園・所の実態に合わせた内容に書きかえられます。

イラストはカラー、モノクロの両方を収録！
掲載しているイラストはすべてかき下ろしで、カラーとモノクロ両方をDVD-ROM内に収録しています。イラストの収録点数はカラー・モノクロ各700点以上です。

各テーマは3か月ごとの内容になっています

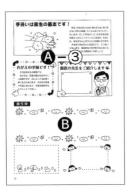

Ⓐ 文例
①冒頭には、たよりの書き出しとして使える文例を掲載しています。DVD-ROM内には、テキストデータも掲載しているので、書きかえが可能です。
②たよりの題字に使えるロゴを掲載。DVD-ROM内にはモノクロとカラーのデータが入っています。
③月ごとのお知らせや、季節にあったイラストつきの文例を多数掲載しています。

Ⓑ 飾り枠
文章を入れて使える飾り枠を掲載しています。

「0・1・2歳用」「たより」などを掲載しています

Ⓒ 各章で「0・1・2歳」向けの文例を掲載。

Ⓓ 健康編→「乳幼児に多い感染症」
食育編→「乳幼児が気をつけたい食物アレルギー」
安全編→「家庭内で起こりやすい事故」をテーマにした文例を掲載。

Ⓔ 各章の最後に「たより」を掲載。

※本書は、『ほけんニュース』No.374（2015年4月8日号）からNo.409（2018年3月8日号）まで、『たのしくたべようニュース』No.355（2014年4月8日号）からNo.402（2018年3月8日号）まで、『よいこのあんぜんニュース』No.342（2015年4月8日号）からNo.377（2018年3月8日号）までの付録の内容に加筆・修正したものに加え、新たに制作した文例とイラストが含まれています。

健康編

文例 & イラスト

4・5・6月

文例

ご入園・ご進級おめでとうございます。新しい環境の中、子どもたちも期待と共に不安も感じているようすが見られます。

園の方でも、子どもたちが新しい環境に早く慣れるように心がけていきます。

いよいよ新年度がスタートしました！ この1年間、子どもたちと元気よくすごしていきます。

まずは、元気いっぱいにすごせるように、ご家庭でも早起き早寝を心がけて、生活リズムをととのえてください。

4月の入園から早くも1か月がすぎました。子どもたちも新しい環境に慣れ、落ち着いたようすで、友だちと遊ぶ姿が見られるようになりました。

新緑もまぶしい、さわやかな季節ですので、野外での活動に積極的に取り組んでいきます。

健康診断・身体測定を行います。健康診断や身体測定では、子どもたちの成長の確認や、病気を早期に発見することにもつながります。当日は、できるだけお休みがないように、また脱ぎ着しやすい洋服で登園してください。

雨の降る日が多くなり、間もなく梅雨入りを迎えます。室内での活動も多くなりますが、雨の季節ならではの遊びを取り入れながら、すごしていきたいと思います。また、体調をくずしやすい時期ですので、健康に留意してください。

6月4〜10日は「歯と口の健康週間」です。この期間に園では、ブラッシング指導などを行います。むし歯予防のためには歯みがきが大切です。ご家庭でも、歯みがきをしたらシールをはるなど、楽しんで取り組める工夫をしてみてください。

健康

早起き早寝で生活リズムをととのえよう！

人間が生きていく上で、睡眠は欠かすことができません。そして本来人間は、明るい昼間に活動して、夜は眠る昼行性の動物です。ところが、現代は24時間社会といわれるように、照明をつけて夜遅くまで活動していることから生活リズムを乱しやすい環境にあります。子どもたちの健康を考える上で、睡眠の大切さや、眠ることの心地よさなどについて親子で話し合ってみましょう。

朝の光をしっかり浴びよう！

みなさんは、朝の太陽の光をしっかり浴びていますか？　朝の光は、体内時計の周期と地球時計のずれを直すために大切な役割をしています。起きた時にしっかりと朝の光を浴びられるように、カーテンを開けるなど、環境をととのえましょう。

ぐっすり眠るためには？

よい睡眠のために次のようなことに気をつけましょう。
①昼間は元気に活動し、脳や体を十分に使います。
②寝る前のおふろは、お湯の温度をぬるめにします（熱いお湯の時は夕飯前がよいようです）。
③寝る前はテレビやスマートフォン（スマホ）などを見ないようにします（これらの光は脳を覚醒させてしまうため、注意が必要です）。
④明日の洋服や制服などを用意する、絵本を読んでもらうなど、眠る前の儀式を決めて継続して行います。これをすると安心して眠れると子どもが思えることが大切です。
そして、朝目覚めた時は朝の光を浴びましょう。

登園前に健康チェックをしましょう

朝起きた時から登園するまでの間で、下のチェック項目を参考にして、お子さんのようすを確認してみましょう。

- ☐ 朝は元気よく起きられましたか？
- ☐ 発熱はしていませんか？
- ☐ 鼻水やせきは出ていませんか？
- ☐ 皮膚に湿疹や発疹はありませんか？
- ☐ 下痢はしていませんか？
- ☐ 嘔吐はありませんか？
- ☐ 顔色はよいですか？
- ☐ 食欲はありましたか？
- ☐ 目が赤くなっていませんか？

チェックをしてみて、お子さんの健康状態はいかがでしたか？もし、気になるところがありましたら、園を休んでようすを見たり、病院を受診したりするようにしましょう。

月　日は身体測定です！

5月31日は世界禁煙デー
子どもたちがタバコの害にさらされないために

タバコは吸うけれども、子どものいない部屋で吸う、ベランダや屋外に出て吸うといった保護者の方もいるかもしれません。しかし、タバコの残留成分は、衣服や頭髪、呼気などに残ってしまいます。こうした残留成分に結局、子どもたちはさらされてしまうのです。

また、電子タバコも紙巻きタバコと同じように吸った人の呼気を介して、有害成分が子どもに移行します。

休日のすごし方

休日に、旅行やテーマパークなどに出かけて楽しくすごすご家庭もあるかと思います。しかし、その翌日、子どもたちは園で疲れたようすを見せることがあります。休日に無理な日程を組むと体調をくずしやすくなることも……。特に、旅行などの場合は帰宅後、休養できる余裕のある計画を立てるようにお願いします。

うんちが出るとすっきりする感覚を大切に

うんちが出ると、すっきりとして気持ちがよいものです。子どもたちにうんちを出すことは気持ちがよいことと知らせるためにも、乳児のおむつがえの時から「うんちが出てよかったね！」「さっぱりしたね」などと声かけをしていくことが大切です。

また、幼児期でも「うんちが出てよかったね」と声をかけていきましょう。排便が「心地よいこと」という意識づけにもつながっていきます。

和式トイレにも慣れておこう！

今では洋式トイレの方が多くなりましたが、公園や学校などでは、まだ和式トイレも多く見られます。外出時に困らないように、和式トイレにも慣れておきます。和式トイレでは足の位置を便器の真ん中より前に置くことがポイントです。また、足を開いた状態でしゃがめるように練習しておきましょう。

トイレのマナー トイレをきれいに使おう！

トイレは、みんなで使うものです。次に使う人が気持ちよく入ることができるように、きれいに使うことを伝えましょう。

トイレを使い終わったら、水を忘れずに流すように話しましょう。

トイレットペーパーの使いすぎにならないように、どれくらい必要か、使う長さを確認してみましょう。

便器を汚していないか、床にトイレットペーパーの切れ端などが落ちていないかを確認するように伝えましょう。

トイレ用のスリッパは、使い終わったら、きちんとそろえておくように話しておきましょう。

つめのケアはできていますか？

　お子さんのつめは定期的に切っていますか？　おとなにくらべて子どものつめは伸びるのが早いといわれています。つめが長く伸びていると、思わぬ時に友だちに当たってしまい、けがをすることもあります。そのほか、ばい菌やほこりが入ったり、つめが割れたりするので注意しましょう。

注意　子どものつめのおしゃれ

　時々、手足のつめにマニキュアをぬっているお子さんを見かけることがあります。子どものつめはやわらかいこともあり、影響を受けやすいので、マニキュアをぬるのは控えるようにしましょう。

みがき残しやすい場所

　左の図で網が引かれているところは、みがき残しやすく、むし歯になりやすい場所です。歯みがきをしてきちんと汚れを取り除いた後に、歯の表面が白く不透明な色になって白濁していないかなどを確認してみましょう。乳歯はむし歯になりやすいので、歯の状態で気になることがあった場合には、早めにかかりつけの歯科医院でみてもらうようにしましょう。

6月4日〜10日は歯と口の健康週間

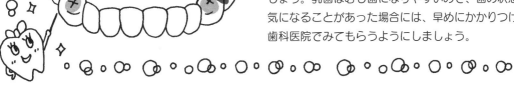

　6月4日〜10日は、歯と口の健康週間です。乳歯をむし歯にしないためには、子どもたちに歯みがき習慣が身につくように声をかけてあげてください。そして、保護者も仕上げみがきなど、歯のケアをお願いします。

保護者の仕上げみがきが大切！

　幼児のうちは、基本的に1日1回、寝る前などに保護者が仕上げみがきを行いましょう。子ども自身が自分でみがく習慣をつけることはもちろん大切ですが、子どもに任せっぱなしでは、歯の健康を守ることができません。

　仕上げみがきは、みがき残しやすい場所を重点的に行います。また、子どもが使う歯ブラシとは別に、仕上げみがき用の歯ブラシを用意して行いましょう。

健康

手洗いは衛生の基本です！

手は、さまざまなものに触れるため、目に見えない汚れや細菌、ウイルスなどがついてしまいます。そして手を介して、さまざまな感染症が人から人へうつっていきます。そのため、手をきちんと洗うことが必要になります。

手を洗う時は石けんを泡立てて、ていねいに洗います。感染症などを予防するためにも、手をきちんと洗う習慣をつけましょう。

衣がえの季節です！

6月は衣がえの季節です。

衣がえは、四季の豊かな日本らしい風習ですが、日によっては肌寒く感じる日もあります。その日の気温や天候に合わせて、衣服を調節するようにしてください。

園医の先生をご紹介します

飾り枠

7・8・9月

健康

文例

　暑さが増してきました。子どもたちは元気に毎日をすごしていますが、熱中症も心配な時期です。子どもたちには、屋外の活動では帽子を必ずかぶり、水分をこまめにとるように声かけをしています。ご家庭でも、熱中症対策をお願いします。

　ギラギラとまぶしい日ざしが照りつけています。暑い日が続き、食欲が落ちたり、暑さのために寝不足になったりと体調をくずすお子さんも見られます。エアコンなどを上手に活用して、暑い夏を乗り切りましょう。

　残暑の厳しい季節です。夏の疲れも出てきているようで、体調をくずしているお子さんも見られます。まずは、ご家庭で早起き早寝を心がけていただき、朝ごはんをきちんととって、生活リズムをととのえていきましょう。

　プール遊びが始まりました。子どもたちは暑い時期の水遊びが大好きです。楽しそうな声が園内に響いています。プールに入れるかどうかは、プールカードで確認をしています。保護者の方のチェックがないとプールに入れません。ご注意ください。

　本格的な夏がやってきました。子どもたちは、夏休みの旅行や、おじいちゃんやおばあちゃんのもとへの帰省などの予定を、わくわくしながらお話ししてくれます。ぜひ、夏の楽しい思い出をたくさんつくってください。

　9月になり、朝夕には涼しさを感じるようになりました。元気に夏をすごし、ひと回り成長した子どもたち。秋は、さまざまな行事を予定しています。体調をしっかりととのえて、活動を充実させていきたいと思います。

プール前に確認を！

子どもたちはプール遊びをとても楽しみにしています。しかし、体力を使いますので、その日の体調を十分に観察するようにしてください。

- □ 発熱はしていませんか？
- □ 朝ごはんは食べましたか？
- □ 目やにや充血はありませんか？
- □ 下痢や腹痛はありませんか？
- □ せき、鼻水は出ていませんか？
- □ 皮膚に発疹(ほっしん)などはありませんか？
- □ つめは短く切ってありますか？

帽子をかぶろう！

プールと感染症について

プールは、水を介して病気に感染する場合があります。体調と共に皮膚の状態などもよく観察してください。また、プールの前後はシャワーで体をよく洗い流します。タオルや水泳帽、ブラシの共用は避けましょう。

プールとアタマジラミ

アタマジラミは、プールの水を介してうつることはありませんが、タオルやブラシなどの貸し借りは避けましょう。

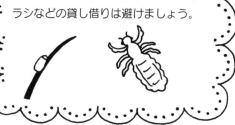

太陽と上手につき合おう！

紫外線量の増えるこの時期は、外にいるのが短い時間であっても日焼けをしてしまいます。特に注意したいのが、海などで急激に日焼けをすることです。海水浴に来て、真っ赤に日焼けした乳幼児を見かけることがあります。ひどい日焼けはやけどと同じです。こうした場合には、発熱することもあります。紫外線を浴びすぎないためにも、帽子をかぶり、日焼け止めをこまめにぬります。また、炎天下で長時間遊ぶことがないように気をつけましょう。

汗をかく季節の皮膚ケア

汗をたくさんかく季節です。汗をたくさんかいた後に、そのままにしておくのはあせもなどの皮膚のトラブルを招くもとです。

汗をかいた後はシャワーを浴びましょう。すぐにシャワーを使えない場合には、かたく絞ったタオルで軽くふいておきます。また、シャワーや入浴後の保湿も大切です。皮膚が乾燥しないように保湿剤をぬっておきましょう。

皮膚のトラブル あせも（汗疹(かんしん)）

症状 頭や額の生え際、首、わきの下、下着のゴムが当たる部分などの汗のたまりやすい部分にできます。赤く炎症を起こしたあせもは、かゆみが出ます。

注意すること 汗をかいたら、シャワーなどで洗い流します。シャワーが使えない場合は、冷たいタオルなどでふきます。また、あせもをかきこわさないように注意しましょう。

熱中症に注意を

熱中症は、汗がかけなくなり、体温調節ができなくなることで起こります。子どもはおとなよりも体内の水分の比率が高いので、水分が失われると脱水症状を起こしやすくなります。子どもは、遊びなどに夢中になると水分補給を忘れてしまいがちなので、こまめに声をかけ、水分をとらせるように心がけましょう。

また、外で遊ぶ時には、帽子をかぶらせて、木陰などの涼しいところで休ませながら、水分を補給するようにします。

健康

冷たいもののとりすぎに注意！！

冷たい食べ物や飲み物のとりすぎは、下痢の原因になります。

暑い日は、たくさん冷たいものをとってしまいがちですが、とりすぎには十分注意しましょう。また、水分補給の際は、こまめに少しずつとるようにします。

8月7日は鼻の日

こまめな水分補給をしよう

生活リズムをととのえましょう！

夏休み期間などは、生活時間がくずれてしまいがちです。就寝時間や起床時間が遅くなったり、食事の時間がずれたりして、生活リズムが乱れてしまいます。普段の時とかわらない時間に起きて、朝食をきちんととり、生活リズムをととのえましょう。

皮膚トラブルの予防のために

汗をたくさんかく夏場に、皮膚トラブルを起こさないようにするには、細やかなケアをするように心がけましょう。

室内ですごす時には

窓を開けて風通しをよくし、涼しくすごせるようにします。昼寝の時などもエアコンや扇風機を上手に利用しましょう。また、汗をかいた時は、こまめにシャワーで流すか、冷たいタオルでふきます。着がえや皮膚の保湿も忘れずに。

屋外ですごす時には

帽子を忘れずにかぶります。また、日焼け止めも上手に利用しましょう。外遊びの時には、日陰で休憩する時間をとります。また、夏場の午前10時～午後2時は気温も高く、紫外線量の多い時間帯ですから注意します。

皮膚トラブル ささされた

ハチ

針が残っていたら取り除き、傷口を水で洗います。痛みやはれがある時は冷やし、虫さされ用軟膏（なんこう）をぬります。気分が悪く、息苦しい時はショック症状を起こす前兆なので、すぐ受診を。

ドクガ

ドクガの粉や毛虫の毛に触れた場合には、衣服を脱いでガムテープなどで毒針毛を取ります。その後、水で洗い流します。
はれやかゆみがひどくなることもあるので、受診します。

クラゲ

クラゲの種類にもよりますが、皮膚についた触手は、海水や食酢をかけて取り除きます。
痛みやはれがある場合には、氷や水で冷やします。応急手当をしてから、受診するようにします。

皮膚トラブル かぶれた

ウルシ
ウルシの樹液が皮膚につくことでかぶれます。

ハゼノキ
樹液が皮膚につくと、かゆみや炎症を起こします。

イラクサ
茎や葉に刺毛があり、触れて皮膚にささると、中に入っている毒液が注入されて痛みを感じます。

樹液に含まれるかぶれる成分の強さは種類によって異なり、ウルシ、ツタウルシ、ヤマハゼ、リュウキュウハゼ、ヤマウルシの順になります。

※樹液がついてしまったら、水で洗い流します。また、湿疹用軟膏（しっしんようなんこう）をぬっておきます。はれやかゆみがある時は、冷やすとやわらぎます。はれやかゆみがひどい時は、内服薬が必要になるので受診しましょう。

9月9日は救急の日

9月9日は救急の日です。子どもの病気やけがの際などに、どうしたらよいか悩んだ時は、小児救急電話相談を知っておくと便利です。

小児救急電話相談　#8000

※お住いの都道府県の相談窓口に自動転送され、小児科医師・看護師からアドバイスを受けられます。

夏の疲れが出ていませんか？

秋口は、夏の疲れが出やすい時期です。体力が消耗していたり、食欲が落ちたりしていませんか？ まずは十分な睡眠時間を確保し、きちんと食事をとって、夏の疲れがたまらないように注意しましょう。

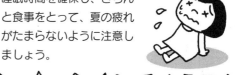

●●● こんな時どうする？　家庭での応急手当 ●●●

健康

すり傷・切り傷

1. 傷口を流水で洗う
2. 圧迫して、止血する
3. 傷パッドなどで覆う

傷口が清潔になったら、早めに市販の傷パッドなどで傷口を覆います。傷口が空気に触れて、乾燥するのを避けます。
※傷パッドで手当をする際は消毒をしません。

打撲

人とぶつかる、遊具などから落ちて打撲をすることが多く見られます。

1. 傷がある時には、傷の手当をする
   傷口を流水で洗い、傷の手当を行う。
2. 冷やす
   打撲した患部を氷のうや冷たいぬれタオルなどで冷やす。
3. 楽な姿勢で休ませる
   痛みがあるだけの場合は、楽な姿勢で安静にさせる。

こんな時は救急車や病院受診を

救急車を呼ぶ……… 大きく傷口が開いている、出血が激しい、頭に打撲と出血がある、意識がない、もうろうとしている、高いところから落ちた、嘔吐した時など。

病院を受診する…… 傷の範囲が広い、不衛生なところでけがをした、ぐったりしている、出血が多い、打撲した患部の皮膚の色が変色し、かたくなっている時など。

飾り枠

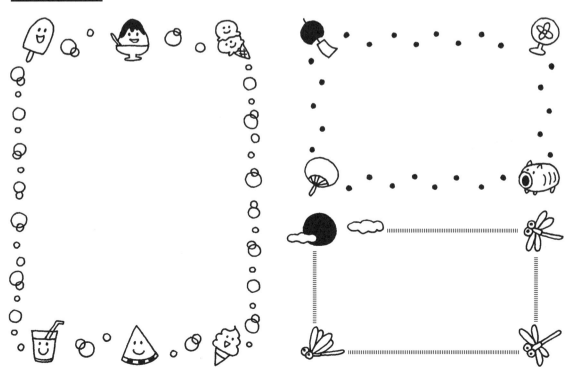

10・11・12月

文例

「衣がえ」の季節です。衣服の入れかえの際には洋服のサイズが小さくなっていないか、名前は消えていないかをご確認ください。また、気温の高くなる日もありますので、子どもたちが自分で脱ぎ着をして調節できるようにしてください。

秋も深まり、朝晩の冷え込みが厳しくなってきました。空気も乾燥してきて、かぜ気味の子どもたちも見られます。園では手洗い、うがいを習慣づけています。ご家庭でも、かぜ予防のために、石けんでの手洗いとうがいを心がけてください。

今年もあと1か月となりました。園でも、かぜをひいている子や、インフルエンザにかかる子も見られます。早起き早寝で十分な睡眠をとり、手洗い、うがいを心がけ、人混みは避けるなど、感染症の予防に努めましょう。

今月は、子どもたちが楽しみにしている運動会が行われます。毎日、元気よく練習に取り組んでいます。運動会の練習で、靴のサイズが合わないお子さんも見受けられます。安全のために、靴のサイズについて、再度ご確認ください。

冬が近づいてくるこの頃、肌寒さを感じますが、下着などを工夫したり、薄手のものを重ね着したりして、上手に調節してすごせるように、子どもたちに声をかけています。ご家庭でも、衣服の調節へのご協力をお願いします。

冷たい北風が吹く季節ですが、子どもたちは毎日元気に外で遊んでいます。12月は、子どもたちにとって、楽しみにしているイベントがたくさんあります。元気に冬をすごせるように、ご家族でも体調管理を心がけてください。

10月10日は目の愛護デー

10月10日は目の愛護デーです。現代は、テレビやスマートフォン、タブレット端末などに、子ども時代から触れる機会が多くなっています。目を酷使することにならないように、目と健康について考えてみましょう。

乳幼児期は見る機能が発達する大切な時期です！

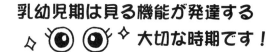

目は胎児の時に最後に形成される器官といわれています。そして、視力は生まれてから外界の刺激を受け、目を正しく使うことによって発達していきます。生後4か月頃から両目でものを見ることができるようになり、1歳頃には視力が0.3程度に発達するそうです。その後、早い子では3歳、遅い場合でも5～6歳には1.0近くに達し、視力が完成するといわれています。

～スマホ・タブレットの使用に注意！～ 子どもの気になる行動をチェック

- □ スマートフォン（以下スマホ）・タブレットをいつまでも見たり、触ったりしている。
- □ スマホ・タブレットを取り上げると泣いたり、不機嫌になったりする。
- □ いつでもどこでもスマホ・タブレットを触りたがる。
- □ 言葉の発達が気になる。
- □ 便秘がちで、生活リズムがつかみにくい。
- □ あやしても笑わない。
- □ おもちゃに興味を示さない。

1つでも当てはまる場合には、スマホやタブレットの使用について見直しましょう。

ノーメディアデーにチャレンジしてみましょう！

1～2週間に1回ノーメディアデーにチャレンジしてみませんか？ 丸1日が難しければ、休みの日の午後だけテレビやスマートフォンなどの電源を切ってみましょう。また、ノーメディアデーには、絵本の読み聞かせや料理を一緒につくるなどで、子どもとの触れ合いを大切にする機会にしてはいかがですか？

衣がえです！

衣がえの季節ですが、日中はまだ暑い日もあります。薄手のもので、調節しやすい服装を準備してください。

今日はノーメディアデー

11月8日はいい歯の日

　11月8日はいい歯の日です。将来にわたって健康な歯ですごすことは、とても大切です。
　正しく歯みがきができているか、むし歯になっていないかなどを、この機会にあらためて見直してみることも大切です。
　健康な歯のためにも、定期的に歯科医院などで検査してもらうとよいでしょう。

薄着ですごしましょう

　気温が下がってくると、厚着をさせてしまいます。でも、子どもは少し動くと汗をかいてしまうこともあります。
　薄手の服を重ね着して、自分で調節できるようにしましょう。

かぜ・インフルエンザの予防のために

手洗い	うがい	規則正しい生活	人混みを避ける

外遊び後や食事の前、トイレの後などに、石けんを使い、ていねいに手を洗います。

外遊びや帰宅後にうがいをします。まずブクブクうがいで口の中をすすぎ、次にガラガラうがいでのどの奥を洗います。

十分な睡眠や、栄養バランスのよい食事、外遊びなどを心がけ、規則正しい生活を送ります。

インフルエンザの流行期には人混みを避けます。外出時はマスクをし、手洗い、うがいを心がけます。

秋・冬は家庭で皮膚の保湿を！

　おとなも子どもも秋から冬にかけて皮膚が乾燥しがちです。ひどくなると、カサカサになって粉をふいたように白くなります。また、皮膚が乾燥すると、かゆみをともなうこともあるため、かきこわしてしまい、さらにひどい状態になることもあります。そうならないためにも、入浴後や朝の着がえの時などに、こまめに保湿剤をぬるようにしましょう。

唇の荒れに注意!

　唇をぺろぺろなめてしまうお子さんはいませんか？　唇をなめると乾燥して、唇の周囲が赤くなり、皮膚もカサカサになります。乾燥をひどくさせないためには、就寝前などにリップクリームをぬったり、マスクをつけたりすると口の周辺の保湿にもつながります。

　こうした習慣のあるお子さんには、なめないように声をかけ、こまめに皮膚の保湿を心がけましょう。

11月は児童虐待防止推進月間です！

児童相談所全国共通ダイヤル

189

虐待かもと思った時には「189」（いちはやく）で通告や相談ができます。

※189にかけると近くの児童相談所につながります。

健康

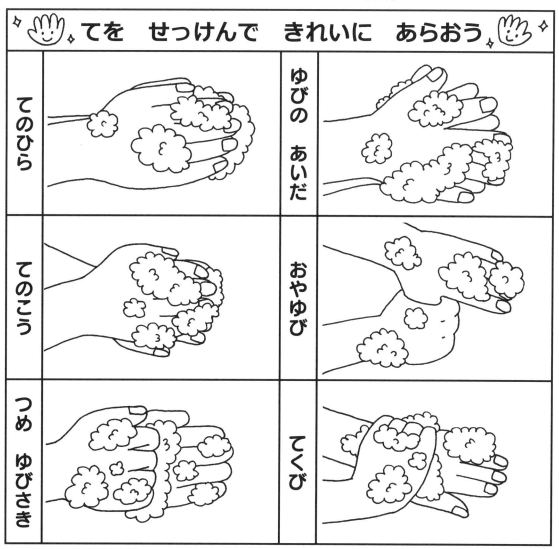

てを　せっけんで　きれいに　あらおう

てのひら		ゆびの あいだ	
てのこう		おやゆび	
つめ ゆびさき		てくび	

※保護者のみなさまもお子さんと一緒に手洗いをしてみませんか？

正しい靴の履き方

片側ベルトの靴の場合

① ベロをつかんで、足を入れます。

② 足を入れたら、かかとをトントンして、足のかかとを靴のかかとに合わせます。

③ 両側をぎゅっとつまんで、引き寄せ、しっかりと押さえ込みます。

④ ③の手を動かさないようにし、もう片方の手でベルトを矢印の方向へ強く引っぱってとめます。

インフルエンザの予防接種を受けていますか？

予防接種は10月から受けることができます。13歳未満は2回の接種がすすめられています。インフルエンザの流行は早い時では11月の下旬に始まる場合があります。こうしたことも踏まえて、接種の時期を考えましょう。

飾り枠

１・２・３月

文例

　あけましておめでとうございます。本年がみなさまにとってすばらしい１年でありますよう、お祈り申し上げます。元気に登園した子どもたちからは、年末年始の楽しかったようすをたくさん聞くことができました。今年もよろしくお願いいたします。

　寒い日が続きますが、積極的に外に出て遊ぶようにしています。中には厚着をしているお子さんもいて、動きにくそうだったり、汗をかいたりする姿が見られます。衣服の調節が自分でできるように、薄着の重ね着がおすすめです。

　今年度も残りわずかとなりました。
　この１年間をふり返ると子どもたちの成長ぶりに、目を見張るものがあります。残りあと１か月となりましたが、１日１日を大切に、園での生活を充実させてまいります。

　あけましておめでとうございます。本年もどうぞよろしくお願い申し上げます。子どもたちの元気な声と共に、新しい年が始まりました。今年度も残り３か月となりましたが、１日１日を子どもたちと一緒に元気にすごしていきたいと思います。

　寒さや乾燥が気になる季節です。インフルエンザや感染性胃腸炎などにかかるお子さんも見られます。感染拡大を防ぐためにも、体調が悪そうな場合には、早めに対応をしていきます。保護者のみなさまにもご協力のほど、よろしくお願いします。

　暖かな日ざしに春の訪れを感じます。いよいよ１年間のまとめの時期となりました。
　子どもたちは、卒園や進級へ向けて、意欲的に毎日をすごしています。ご家庭でも１年間で成長したことをぜひ、ふり返ってみてください。

健康

かぜ予防の基本　うがい

うがいは、口の中やのどについたかぜの菌などを洗い流します。まずはブクブクうがいで、口の中をゆすぎます。次にガラガラうがいでのどの奥についた菌を洗い流します。

せきエチケットはできていますか？

せきやくしゃみが出る時は、周りの人にうつさないためにも、せきエチケットが大切です。マスクがない時はハンカチなどで押さえるようにします。

かぜをひいてしまった時には？

かぜの場合、鼻水やくしゃみ、のどの痛み、せきなどがおもな症状ですが、発熱や頭痛などをともなうこともあります。軽くすむ場合も多いのですが、油断をすると悪化して、中耳炎や気管支炎などを起こすこともあります。

体調が悪い場合には、無理をせずに早めに園を休ませる方が、長びかせないですむこともあります。

せきやくしゃみが出る時は？

マスクをしよう！

どんなうんちが出ているかを確認しよう

コロコロうんち	ビシャビシャうんち	バナナうんち	ヒョロヒョロうんち
			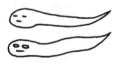
水分が少ないため、かたくなります。量も少なく、においもくさいことが多いです。	水分が多いうんちで、下痢の時に出ます。量も多く、くさいことがほとんどです。	いきまなくてもスルンと出る、気持ちのよいうんちです。においはくさくありません。	細くてやわらかく、量は少ししか出ないことが多いです。とてもくさいうんちです。
こんなことに気をつけよう	こんなことに気をつけよう	この調子でいこう	こんなことに気をつけよう
↓	↓	↓	↓
トイレをがまんしているようすはありませんか？　朝ごはんを食べて、ゆっくりトイレに行く時間をつくりましょう。	おなかをこわしていませんか？　まずは体調をととのえましょう。	よいうんちが出ています。健康状態も良好です。その調子で生活しましょう。	ジャンクフードやお菓子をよく食べていませんか？　また、運動不足かもしれません。生活習慣を見直しましょう。

よいうんちを出すために必要なことは？

よいうんちを出すためには、野菜や豆類、海藻などの食物繊維をたくさんとります。そのほか、ヨーグルトやチーズ、納豆などの発酵食品も多くとるようにします。また、よいうんちを出すためにも、たくさん歩いたり、外でよく遊んだりしましょう。そして、うんちは、がまんしないことが大切です。

寒さに負けず 外で元気に体を動かそう

寒さが厳しい時期ですね。暖かい部屋の中ですごすことも多くなりがちですが、寒い時期だからこそ外遊びをするようにしましょう。外で遊ぶと体がぽかぽかしてきます。寒さに負けずに外で元気に体を動かす機会をつくりましょう。

やけどの時の応急手当

やけどが多くなる季節です。どんなやけどの場合でも、すぐに冷やすことが大切です。痛みの感覚がなくなるまで、十分に冷やし続けます。

万一、水疱になっていたり、皮膚がただれていたりするような場合は病院へ行きます。

外遊びの時には

下着、薄手のシャツ、上着を重ね着します。薄手のものを重ね着している方が、体を動かして暑くなった時に自分で調節することができます。反対に下着を着ていなかったり、もこもこした厚手の衣服を1枚しか着ていなかったりする場合は自分で調節ができないので、注意しましょう。

花粉症の対策をしましょう

花粉症の時期がやってきました。2月～3月頃はスギ花粉が多く飛散します。スギ花粉にアレルギーのある場合は、早めの対策を行いましょう。

また、この季節は、かぜをひいている子どもも多く見られます。鼻水が頻繁に出ている時には花粉症なのか、かぜなのかの判断がつきにくいということもあるかもしれません。違いについてもきちんと知っておきましょう。

かぜと花粉症の違いは？

鼻水が出ているけれど、かぜか花粉症かわからない時があります。下記の項目をチェックしてみましょう。

チェックしてみよう
・水っぽい鼻水が頻繁に出る
・くしゃみが何回も出る
・目のかゆみや充血がある
・顔などにかゆみがある
・発熱はない

上記のような症状が見られる場合は、花粉症を疑います。小児科や耳鼻科を受診しましょう。

かかりつけ医を持ちましょう！

子どもの体のことを何でも相談できる、かかりつけ医を持ちましょう。

3月3日は耳の日！ 耳そうじの事故にご用心

事故防止のポイント
・耳かきをしている時は周囲の状況（子ども、ペットなど）に注意する。
・耳かき棒などを子どもの手の届く範囲に放置しない。
・耳かき棒などを、無理をして耳の奥まで入れない。

こんな症状があったら気をつけよう

●呼びかけても気がつかないことがある
疑われる病気
・滲出性（しんしゅつせい）中耳炎
・難聴

●耳がにおう
疑われる病気
・中耳炎（急性、慢性、真珠腫性（しんじゅしゅせい））
・外耳炎
・外耳道異物

●耳漏や湿疹（しっしん）がある
疑われる病気
・中耳炎（急性、慢性、真珠腫性）
・外耳炎
・外耳道異物

●耳をよく触る
疑われる病気
・滲出性中耳炎
・外耳炎
・外耳道異物

●声が大きい
疑われる病気
・滲出性中耳炎
・難聴

●聞き間違いが多い
疑われる病気
・滲出性中耳炎
・難聴

「子ども予防接種週間」です！ 予防接種の確認を

予防接種のぬけはないかな

3月1日から3月7日は「子ども予防接種週間」です。進級、入学を控えた時期でもありますので、「母子健康手帳」を再度見直して、予防接種の未接種がないかをきちんと確認してみましょう。

1年間の生活チェック

お子さんの生活をふり返ってチェックをしてください。

飾り枠

0・1・2歳用

文 例

体温を測る時は

わきの下で体温を測ります。乳児の場合は、環境や運動の影響を受けやすいので、冷暖房器具のそばから離れて、安静にした状態で測るようにしましょう。

※耳式やおでこで測る体温計の場合は、それぞれの使い方にしたがって使用します。

わきの下の汗をふき取って、体温を測ります。

わきの下で測る場合、乳児を抱きかかえて行います。

おむつかぶれに注意を

おむつかぶれは、汚れたおむつを長時間当てていることが原因で起こります。ひどくなると、かゆみや痛みをともないます。また、皮がむけて痛がることもあります。

予防するためには、おむつをこまめにかえて清潔に保つことが大切です。下痢の時などは、座浴やシャワーで洗い流すとよいでしょう。

どうして眠りが必要なの？

わたしたち人間をはじめとして、動物にとって眠るということはとても大切なことです。わたしたちは、眠ることで脳や体を休ませ、疲労を回復させています。

眠らなければ人は生きていくことができません。必要な睡眠時間はおとなや子ども、年齢、個人差や季節などによっても変化するといわれています。

乳児の健康チェックポイント

体の不調をうまく表現できない乳児の場合は、いつもとようすが違うということに気がつくことが大切です。

いつもと違うところについて確認します！

・熱がある
・機嫌が悪い
（やたらと不機嫌でむずがる、いつもよりよく泣く）
・食欲がない
・顔色がいつもと違う
（顔が赤く息が荒い、または青白い）
・発疹（ほっしん）が出ている

・目やにや、充血がある
・鼻水、鼻づまりがある
・せきをしている
・くしゃみをしている
・元気がなく、だるそうにしている
・嘔吐（おうと）や吐き気がある
・下痢をしている

おしっこの出るメカニズム

生まれたばかりの赤ちゃんは、脳が未発達なため、尿意を感じずぼうこうに尿がたまると反射的におしっこをします。その後、1人歩きや言葉を話すなどの成長にしたがって、脳の働きが活発になり、尿意を感じられるようになります。

このように神経回路が発達することで、ぼうこうがいっぱいになるまで尿をためておくことができ、そのことで尿意を感じて、おとなに知らせたり、自分でトイレに行って排尿したりするようになります。

0〜2歳 排泄の発達過程

《0歳》
生まれたばかりの赤ちゃんは、ぼうこうに尿がたまると反射的におしっこをします。月齢が低い時はこまめにおむつ交換が必要です。

《1歳》
1歳後半からおしっこが出る感覚がわかるようになってくると、排尿の合図を出すようになります。合図が見られた時に「おしっこ出る?」と声をかけてみるとよいでしょう。

《2歳》
個人差はありますが、おとなに尿意を伝え、トイレですることもあります。

トイレトレーニングのすすめ方

トイレトレーニングをすすめる上では、子どもの排尿間隔をつかんで、タイミングよく「声をかける」ことが大切です。そして、おむつのぬれる間隔があいてくる、1回のおしっこの量が多くなる、一定の間隔でおしっこをするようになるといったことが見られるようになったら、トイレトレーニングを始めてみましょう。個人差があるので、個々に合わせたタイミングですすめます。

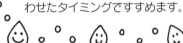

あせらないで トイレトレーニング

トイレトレーニングの開始は個人差があり、一概に何歳だから始めるというものではありません。ほかのお子さんとくらべて遅れているとか、早く始めなければとあせらないことが大切です。お子さんのペースに合わせてすすめましょう。

うんちに注目! こんなうんちが出た時には

うんちを見ることで、子どもの体調を知ることができます。ロタウイルスに感染した時には、米のとぎ汁のような白っぽい便が出ることがあります。また、腸重積症の時にはイチゴジャムのような便が見られます。気になった時には、便のついたおむつを持参するか、写真にとるなどして、医師に見せるとよいでしょう。

腸が未発達な赤ちゃんは、食べたものがそのまま出てくることがあります。こうした場合はほとんど心配はいりません。

歯 が生えてきたら ケアを始めよう！

　生後6、7か月頃に乳歯が生え始めます。通常は下の前歯から生えてくることがほとんどです。また、だ液もたくさん出るようになります。この頃は離乳食の後に、湯冷ましを飲ませて、ガーゼみがきをします。1歳になる頃には上下の前歯がそろうので、徐々に歯ブラシに慣れさせ、歯みがきをしていきましょう。1日1回機嫌のよい時に手早くみがきます。

皮膚のトラブル　乳児脂漏性湿疹（しっしん）

原因　皮脂の分泌が盛んなため。

症状　生後3か月頃までに多く見られ、頭や顔、髪の毛の生え際、まゆ毛に黄色いふけやベタベタしたかさぶた状のものがつきます。

ケア　皮膚を清潔に保つため、汗や汚れをこまめにふきます。頭皮のふけのようなものは入浴時にていねいに洗い流し、かさぶた状のものは、入浴前にオリーブオイルなどでふやかし、おふろでは石けんやシャンプーを使い、やさしくこすって洗い落とします。

突発性発疹（ほっしん）

　突然、38～39℃の高熱が出て、3～4日続きます。熱のわりには比較的機嫌がよく、食欲もあまり落ちません。熱が下がる頃に細かい発疹が全身に出ます。
　通常は自然に治ります。家庭では、水分補給を十分にし、安静にすごします。

あせもとスキンケア

　あせもは、額、首、手足のくびれ、わきの下、背中などに赤や白の小さなぶつぶつができます。汗腺（かんせん）に汗やほこり、あかがつまって炎症を起こしたもので、かゆがります。かゆみから皮膚をかきこわして傷口から感染する場合もあるので注意します。
　汗をかいたらこまめな着がえやシャワーを使って、清潔を心がけます。

スマホ育児になっていませんか？

　乳児がスマホやタブレット端末で遊んでいる姿を見かけます。子ども向けの知育アプリなども多数出ていますが、スマホなどを使うことが習慣化してしまうと、言葉の発達の遅れなど、悪影響を与える恐れがあります。また、本来、乳児期に必要な外遊びの機会や親子のスキンシップを減らすことにもなりかねません。

予防接種は計画的に

　予防接種を受ける時には、成長に合わせてスケジュールを立てるようにします。重症になる恐れがある病気を優先し、低月齢では接種回数の多い、Hib、小児用肺炎球菌などを早めに行うなど工夫します。

予防接種のしくみを知っておきましょう

　予防接種の種類には定期接種と任意接種があります。定期接種は国が「受けるように努めなければならない」と強くすすめている予防接種で、決められた期間内であればほとんどの場合、自治体の負担で無料で受けることができます。任意接種は、希望する人が自己負担で受けるものです。任意接種といっても重症化する恐れのある病気を予防するものです。自治体によっては助成がある場合もあります。

乳幼児に多い感染症

文例

・・・ヘルパンギーナ・・・

夏に多く流行するウイルス性の感染症。急な高熱(38～40℃)と、のどの痛みがおもな症状で、のどの痛みのため、食欲が低下し、乳幼児はよだれが増えます。

注意すること
のどの痛み、熱のある間は安静にします。食事はのどごしのよいものにします。熱が下がり、口の中の痛みがなく、全身状態がよければ登園が可能です。

・・・咽頭結膜熱（プール熱）・・・

夏に多く見られる感染症です。急な高熱とのどの強い痛みと共に、だるさを訴えます。目やにや目の充血、首のリンパ節がはれます。熱は3～4日続きます。

感染力が強いため、おもな症状（発熱、目の充血、のどの痛みなど）がなくなってから、2日を経過するまで、登園することはできません。

・・・手足口病・・・

夏に多く見られる病気です。口の中や手のひら、足の裏、おしりなどに小さな水疱ができます。口の中が痛み、水分や食事がとりにくくなります。

注意すること
口の中が痛む時は、のどごしのよいものにします。全身状態がよく、元気で食欲もあれば登園可能です。ウイルスの種類により、脳炎をともなう場合も。

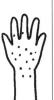

・・・流行性角結膜炎（はやり目）・・・

はやり目ともいわれ、夏に多い病気です。1～2週間の潜伏期間があり、結膜の充血や目やに、かゆみ、まぶたのはれなどが見られます。

目やに、目の充血の症状がなくなり、医師から感染の恐れがないと認められるまで、登園できません。感染力が強いので、タオルの共用などは避けます。

・・・伝染性膿痂疹（とびひ）・・・

虫さされやあせもなどをかいて、そこから黄色ブドウ球菌などが入り、水疱ができます。それを、かきこわすと滲出液が出て、ほかの皮膚に広がります。

注意すること
かきこわさないために、つめは短く切っておきます。ジュクジュクしている患部は、ガーゼなどで、きちんと覆うことができれば登園することが可能です。

・・・水いぼ（伝染性軟属腫）・・・

1～5mm大の半球状で、中心がくぼんだ白色のいぼができます。皮膚のどこにでも見られ、こすれるとうつるため、わきの下などに広がる場合もあります。

水いぼは数か月から2年以内に自然に消えるといわれています。プールの水ではうつりませんが、ビート板やタオルを介してうつることがあるので注意を。

・・・溶連菌感染症・・・

症状　突然の発熱、のどの痛み、咽頭炎、扁桃炎を起こします。細かい発疹が体や顔、手足の先に出ることがあります。また、腹痛、嘔吐などを起こす場合もあります。

注意すること　抗菌薬を10～14日間服用し、最後まで飲みきります。のどの痛みがなく食事も普通にとれ、かゆみも消えて通常の生活ができるようなら登園も可能です。

・・・RSウイルス感染症・・・

症状　多くの乳幼児が2歳までに感染するといわれています。鼻水程度のかぜ症状がほとんどですが、6か月未満の乳児は細気管支炎を起こし、呼吸困難になることもあるので注意をしましょう。

注意すること　かぜと見わけがつかずに感染を広げることも。予防のために手洗い・うがいを行い、マスクを着用します。

・・・インフルエンザ・・・

症状　ごく短い潜伏期間の後に、高熱（38～40℃）、悪寒、全身のだるさ、筋肉痛などが見られます。

注意すること　感染したら、必ず病院を受診し、発症後5日を経過し、かつ解熱後3日（学校は2日）を経過するまで登園停止です。

・・・風疹・・・

症状　症状は、発熱（微熱のこともある）と全身に小さな赤い発疹が出ます。発症して3日程度でだいたい症状が治ります。

注意すること　紅斑性の発疹が消えるまで登園できません。ワクチンがあります（定期接種）。妊娠中にかかると胎児への影響があります。

・・・感染性胃腸炎・・・

症状　冬場の胃腸炎はウイルス性が多く、ノロウイルスとロタウイルスが代表的。おもな症状は嘔吐と下痢です。

注意すること　1～3日で概ね軽快します。適切な水分補給と消化のよい食事をとらせます。医師から感染の恐れがないと認められるまで、登園はできません。

・・・麻疹（はしか）・・・

症状　発熱、せきや鼻水、目やになどのかぜ症状があり、発症後2～3日して、ほおの裏側に白斑ができます。一度熱が下がり、再び上がる頃に体中に発疹が出ます。発症後約1週間で解熱し、発疹も消えます。

注意すること　解熱後、3日を経過するまでは登園ができません。ワクチンがあります（定期接種）。

・・・水痘（水ぼうそう）・・・

症状　体にかゆみの強い水疱が出ます。熱は出ないことも。発症後48時間以内に抗ウイルス薬を飲むと軽症で数日で治ります。

注意すること　発疹がすべてかさぶたになるまで約1週間は登園停止です。ワクチンがあります（定期接種）。

・・・かぜ症候群・・・

症状　おもな症状は鼻水、鼻づまり、せきなど。発熱やのどの痛み、頭痛、嘔吐や下痢などをともなうこともあります。

注意すること　せきが出る時はマスクをします。軽微な症状でも長く続いている時は受診しましょう。

・・・流行性耳下腺炎（おたふくかぜ）・・・

耳のつけ根、あごの下がはれて痛みます。はれは3日目がピークで、その後、次第に引いていきます。はれる前から高熱が出る場合もあります。

注意すること
登園の目安は耳下腺などのだ液腺がはれた後5日を経過し、全身状態が良好であること。ワクチンで予防ができ、1歳から接種できます。

・・・アタマジラミ・・・

アタマジラミが頭髪に寄生し、かゆみをともないます。白くフケのように見えるのは卵です。

注意すること
卵は耳の周囲やえりあしによく付着しています。卵はだ円形で髪の毛にしっかりついています。指で引っぱると引っかかりを感じます。卵と成虫は、駆除薬（スミスリンシャンプー®など）とすきぐしで駆除します。

・・・伝染性紅斑（りんご病）・・・

両ほほや時に耳たぶまで赤くなり、それと同時に腕や大腿部に赤いレースのような編み目模様の発疹が広がります。1週間程度で赤みは消えます。熱は出ないことも多く、せきやのどの痛み、関節痛が出ることもあります。

注意すること
特別な治療法はありません。かゆみや、関節痛などが強い時には受診します。全身状態がよければ登園可能です。

・・・マイコプラズマ肺炎・・・

飛沫感染し、2～3週間の潜伏期間をへて頭痛や倦怠感、発熱などの症状が見られます。2週間程たつと、乾いたせきが目立ってきます。次第にたんをともなうせきが夜間に目立つようになります。

注意すること
乾いたせきが2～3週間続く、夜間にせきで眠れない時などは受診します。熱が下がり、せきも治って、医師の許可があれば登園は可能です。

飾り枠

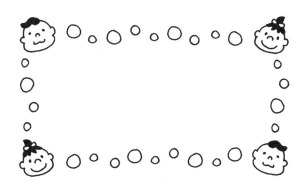

たより

○○○○○○○○園
○○年○○月○○日
園長　○○○○○
看護師　○○○○○

 4月

ご入園・ご進級おめでとうございます。新しい環境の中、子どもたちも期待と共に不安も感じているようすが見られます。
　園の方でも、子どもたちが新しい環境に早く慣れるように心がけていきます。

登園前に健康チェックをしましょう

　朝起きた時から登園するまでの間で、下のチェック項目を参考にして、お子さんのようすを確認してみましょう。

- ☐ 朝は元気よく起きられましたか？
- ☐ 発熱はしていませんか？
- ☐ 鼻水やせきは出ていませんか？
- ☐ 皮膚に湿疹や発疹はありませんか？
- ☐ 下痢はしていませんか？
- ☐ 嘔吐はありませんか？
- ☐ 顔色はよいですか？
- ☐ 食欲はありましたか？
- ☐ 目が赤くなっていませんか？

　チェックをしてみて、お子さんの健康状態はいかがでしたか？　もし、気になるところがありましたら、園を休んでようすを見たり、病院を受診したりするようにしましょう。

月　日は
身体測定です！

朝の光をしっかり浴びよう！

　みなさんは、朝の太陽の光をしっかり浴びていますか？　朝の光は、体内時計の周期と地球時計のずれを直すために大切な役割をしています。起きた時にしっかりと朝の光を浴びられるように、カーテンを開けるなど、環境をととのえましょう。

園医の先生をご紹介します

食育編

文例 & イラスト

4・5・6月

文例

　4月を迎え、新年度が始まりました。ご入園・ご進級おめでとうございます。
　新しい生活を楽しく、元気にすごすことができるように、園では、安全でおいしい給食づくりをしていきます。今年度も、よろしくお願いします。

　桜の花が咲き香る4月、子どもたちの期待に満ちた笑顔があちこちで見られます。園では、子どもたちに食べることの楽しさ、食べ物が体をつくっていることなど、子どもたちが食への興味を持つことができる指導をしていきます。

　5月を迎え、だいぶ園での生活にも慣れてきたようです。給食も毎日よく食べていますが、お子さんの反応はいかがでしょうか？　すくすくと成長著しい幼児期、園の給食では、さまざまな食材をおいしく食べてもらえるように工夫していきます。

　新年度が始まって1か月がたちました。園では、さまざまな旬の食べ物を出しています。5月は色鮮やかなグリンピースが給食に出ます。グリンピースの豆ごはんは子どもたちにも人気の献立です。
　ご家庭でも旬の食材を味わってみてください。

　今年も梅雨がやってきました。この時期は、ジメジメとして湿度が高く、体調もくずしがちです。また、食中毒も発生しやすくなりますので、予防のためにも、日頃から石けんを使ったていねいな手洗いを心がけていきましょう。

　6月4日～10日は「歯と口の健康週間」です。園では、よくかんで食べることの大切さを子どもたちに伝えています。ご家庭でも、食材を大きめに切ったり、かみごたえのある食べ物を出したりして、よくかんで味わえる工夫をしてみてください。

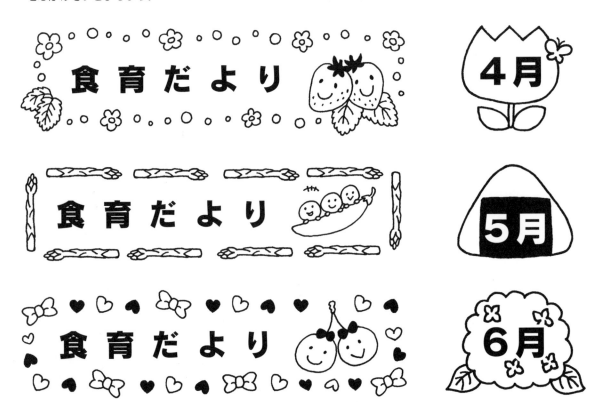

朝ごはんは目覚めのスイッチ

　朝ごはんは、体を目覚めさせます。朝ごはんを食べることで五感が刺激され、消化・吸収されたいろいろな栄養素が体に送られて活動が活発になり、体温が上昇します。また、朝ごはんによって腸の動きが高まり、排便をしやすくなります。
　元気にすごすために朝ごはんをしっかりと食べて、体を目覚めさせましょう。

毎日、朝ごはんを食べましょう

ちょっと足して　手軽にバランスアップ

　完璧な朝ごはんを毎日つくるのは、なかなか大変です。時間がない時でもほんの少し手を加えるだけで栄養バランスはアップします。できるところから始めましょう。

みそ汁に卵と野菜をプラス　　食パンにハムとトマトをプラス

無理なく続けられる範囲で、栄養バランスアップを目指しましょう。

子どもと一緒に朝ごはんの習慣を！

　幼児期は、食習慣を身につけるためにも大切な時期なので、1日の始まりに大切な朝ごはんをきちんと食べられるような習慣を身につけさせたいものです。遅寝遅起きで生活リズムが乱れてしまうと、おなかがすかないこともあります。朝食を食べるまでには、ある程度の時間が必要です。早起き早寝を心がけて、朝ごはんをしっかりと食べる時間をつくりましょう。

幼児にとっておやつとは……？

　幼児期のおやつは、1日3回の食事でとりきれないエネルギーや栄養素を補い、水分を補給するという役割があります。食事の一部なので、軽食となるように穀類、いも類、牛乳・乳製品、果物、野菜、豆類などをバランスよく選びます。また、食事に影響を与えない時間や量にします。
　おやつの時間は子どもたちにとって、楽しいひと時です。食事とは異なった食べることの楽しさを感じる時間としても大切です。

旬の食べ物！たけのこ

たけのこは「竹の子ども」という意味で、竹の地下茎から伸びた若い茎の部分です。ほり立てのものは、あくが少ないので生食できますが、通常はゆでてから食べます。

部位によって繊維の状態が違うので、それぞれの部位に合った料理に使うとよいでしょう。先端の姫皮は吸い物や酢の物に、穂先は吸い物や煮物、あえ物に、中心部分は煮物や焼き物に、根元の部分はたけのこごはんや揚げ物に向きます。春のおいしさをご家庭で味わってみませんか。

グリンピースのさやむき

グリンピースのさやをむくと、小さな豆が顔を出しました。香りをかぎ、小さな豆をじっくりと観察してみましょう。グリンピースが苦手な子どもも自分でむくと興味を持ち、食べる意欲が出てくるようです。

今が旬の食べ物、グリンピースを、ぜひご家庭でも味わってみてください。

5月5日は端午の節句

端午の節句は、もともとは古代中国の厄よけの行事で、しょうぶ湯に入ったり、ちまきなどを食べたりして病よけや邪気ばらいをしていました。男の子の成長を祝う行事にかわったのは、武家社会になった頃からといわれています。また、かしわもちに使うかしわの葉は、新しい芽が育つまで古い葉が落ちないことから「跡継ぎが絶えないように」という願いが込められています。

給食が始まります！

園では、手づくりで素材の味を生かしながら、栄養のバランスを考えた安全でおいしい給食を提供できるように、心がけています。

給食を通じて、子どもたちの年齢に応じた、食への興味を深める経験ができるようにしていきます。

お弁当が始まります！

お弁当をつくる際は、①料理が動かないようにしっかり詰める、②主食・主菜・副菜のバランスに注意する、③同じ調理法のおかずを重ねない、④赤、黄、緑、白、黒（紫）の5色がそろった彩りのよいものにすることを心がけます。また、弁当箱の大きさは3～5歳では400mL程度が適切とされていますが、活動量や食欲には個人差があります。まずは、食べきれる量を詰めるようにするとよいでしょう。

遠足や運動会に！ お弁当づくりの一工夫

いつもと同じ料理でも、弁当箱に入れて外で食べると違った雰囲気になります。いろいろな食品を使って彩りをよくし、手づかみで食べられるもの、フォークでさせるものなどを詰め、子どもが外でも気軽に食べられるようにすると、食べる意欲を育めます。

食べる時の姿勢

食事中に猫背になっていたり、ひじをついていたりしていませんか？ よい姿勢で食べるには、まず、背筋をぴんと伸ばして、テーブルと体の間は握りこぶし1つ分くらいあけて、いすに座りましょう。そして、足は床にしっかりとつけるようにします。よい姿勢で食事をすると、見た目が美しくなります。

背筋が ぴんと していると すてきだね

6月は「食育月間」です

毎年6月は食育月間で、毎月19日は食育の日です。食は命の源で、わたしたちが生きていくのに欠かせないものです。子どもたちが健やかに育つためにも、毎日の食生活がとても重要になります。

また、食卓は食事をとるだけでなく、その日にあったことなどを話す大切な場です。家族そろって楽しい時間をすごしたいですね。

よくかんで食べることの効果

よくかむことで、食べ物が細かく砕かれます。またよくかむほど、だ液がたくさん出たり、顔の筋肉が動くことで血流量が増えたりします。こういったことにより、さまざまなよいことがあります。

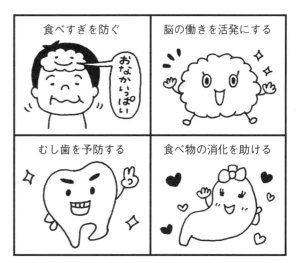

食べすぎを防ぐ / 脳の働きを活発にする / むし歯を予防する / 食べ物の消化を助ける

歯のおもな成分はカルシウム

歯をつくる成分の大部分はカルシウムです。特に子どもたちは発育が盛んなため、カルシウムをはじめ、さまざまな栄養素が多く必要です。丈夫な歯をつくるために、積極的にカルシウムをとりましょう。

いろいろな食べ物で かむ力を身につけさせましょう

3歳頃になると上下の奥歯が生えそろい、ある程度かたいものが食べられるようになります。しかし、ただかたいものが食べられればよいわけではありません。

かたいものややわらかいもの、弾力があるものなど、食べ物に合わせたかむ力の調整が必要です。いろいろな食べ物を食べて、かむ力を身につけさせましょう。

家庭でできる 食中毒の予防のポイント

つけない！
調理前や肉や魚などを取り扱う前後、食卓につく前などには、石けんでしっかり手洗いをします。

増やさない！
購入した食材や惣菜などは低温保存します。購入後は速やかに冷蔵庫に入れ、早めに食べましょう。

やっつける！
多くの細菌やウイルスは加熱によって死滅します。特に肉は中心部を75℃で1分以上加熱します。

※加熱殺菌は、ほとんどの細菌で効果がありますが、加熱に強い菌もあります。また、ノロウイルス予防のためには、85～90℃で90秒以上の加熱をします。

飾り枠

7・8・9月

文例

7月になりました。暑い日が続くと冷たい清涼飲料やアイスクリームなどをたくさんとってしまいがちです。食べすぎると、食欲が落ちたり、おなかをこわしてしまったりします。冷たい飲み物や食べ物のとりすぎには要注意です。

夏真っ盛りです！ 暑い日々が続いていますが、水分補給として上手に利用したいのが、きゅうりやトマト、すいかなどの夏が旬の野菜や果物です。水分が多いこれらの食べ物を、食事やおやつで上手に利用しましょう。

まだまだ残暑の厳しい9月ですが早起き早寝朝ごはんで、生活リズムをととのえることが大切です。
9月には、月見や敬老の日、お彼岸などの行事があります。秋の深まりを感じながら、日本の文化に触れる機会にしてみてはいかがでしょう？

7月7日は七夕です。園では、今年も子どもたちが思い思いの願いごとを短冊に書いて、笹に結びつけています。給食では、行事食として七夕に、そうめんを味わう予定です。七夕の夜、ご家庭で天の川に思いを馳せてみませんか。

8月15日は終戦記念日です。戦時中や戦後間もない頃は、食べるものが少なくて食糧難の時代でした。今の日本では、食料も豊富ですが、当時の人々のことを思い、食べられることに感謝する機会を持ちましょう。

9月になり、秋が旬の食べ物が店頭でたくさん見られるようになりました。
秋は、さんまなどの魚、ぶどうやかき、なしなど、おいしい果物もたくさんあります。その季節ならではの食材で食卓を彩りましょう。

食育

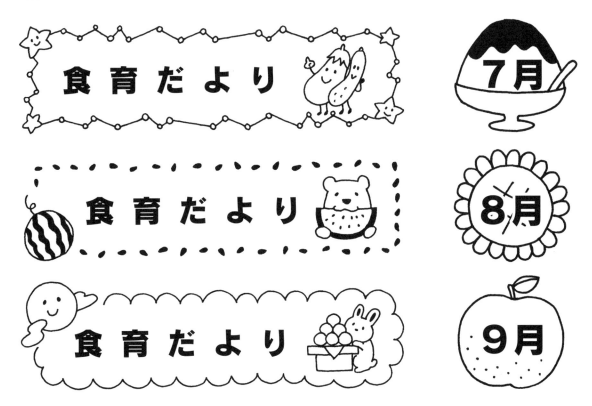

7月7日は七夕

七夕は織姫と牽牛(けんぎゅう)(彦星)が1年に一度、天の川をわたって会える日で、中国の伝説がもとになっています。この日には、短冊に願いを書いて、笹(ささ)に飾ったり、七夕の行事食であるそうめんを食べたりします。

土用の丑(うし)の日には「う」のつく食べ物

夏の土用は立秋前のもっとも暑い時期です。昔から夏の土用の丑(うし)の日に栄養豊富なうなぎを食べて、夏ばて予防をしていたといわれています。また、丑の日にうどんや梅干しなどの「う」のつく食べ物を食べると、体によいと信じられてきました。

旬のおいしい夏野菜を食べよう!

夏が旬の野菜には、トマトやきゅうり、ピーマン、なす、とうもろこし、えだまめ、オクラなどがあります。旬の野菜は栄養価が高く、ビタミンが豊富です。また、水分が多く含まれているので食事からも水分補給ができます。

つぶつぶ あまーい とうもろこし

とうもろこしがおいしい時期は、7~9月です。とうもろこしのおもな成分は、糖質とたんぱく質で、食物繊維も多く含まれています。またビタミンB₁、B₂、カリウム、亜鉛、鉄も含まれています。

とうもろこしは、蒸したり、ゆでたりしょうゆをつけて焼いたりしておいしく味わえます。今が旬のとうもろこしを味わいましょう。

普段の飲み物は何を飲ませていますか?

水分補給のために普段からジュースやスポーツドリンク、炭酸飲料、乳酸菌飲料などを飲ませていませんか? これらの飲み物を日常的に飲んでいると、糖分のとりすぎになり、おなかがいっぱいになって、ごはんを食べたがらなくなったり、むし歯になりやすくなったりします。普段の水分補給には、水やカフェインの含まれていない、麦茶や水を飲ませるようにしましょう。

・・・忘れないで！　大切な水分補給・・・

子どもは、おとなよりも新陳代謝が活発なため、たくさん汗をかきます。そのため、水分をしっかりと補給することが大切です。
のどが渇く前にこまめな水分補給を行うようにしましょう。

起きた後に

遊びの前後に

入浴の前後に

食育

夏の食生活チェック

夏の食生活は乱れていませんか？
チェックしてみましょう。

- □ 朝食はきちんと食べましたか？
- □ 規則正しい時間に３食を食べていますか？
- □ 冷たいものをとりすぎていませんか？
- □ 普段の水分補給は、水や麦茶などにしていますか？
- □ 夏野菜や果物をとっていますか？

注意　冷たい飲み物の糖分のとりすぎ

冷たくて甘い飲み物は、甘みを感じにくく口当たりもよいため、ついついたくさん飲んでしまいます。そのため、糖分を知らないうちに多くとるようになります。水分補給をする時は、甘い飲み物ではなく、水や麦茶を選ぶようにしましょう。

下痢の時の食事のポイント

下痢の時は、脱水にならないようにすることが大切です。飲み物は、経口補水液がもっとも吸収されやすくなります。また、おかゆやうどんなどの消化のよい食事にしましょう。脂肪の多い肉や食物繊維の多い野菜は、おなかに負担となってしまうため、控えるようにしましょう。

どんな行事？　お盆

お盆は、先祖の霊を迎えて供養する行事です。
８月13日の夕方になると、先祖の霊が道に迷わないように迎え火をたいたり、盆棚をつくって夏の作物を供えたり、なすやきゅうりでつくった牛や馬を飾ったりします。お盆の終わりには、送り火をたきます。

８月31日は野菜の日

８月31日は「や（8）さ（3）い（1）の日」です。
野菜をたくさん食べましょう。

防災の日　食品の備蓄を見直しましょう

　9月1日は防災の日です。食品の備蓄は、水やレトルトごはん、缶詰、菓子などを用意して、栄養が偏らないように注意しましょう。普段から日常的に利用している食品を多めに購入して、循環させながら備える方法（ローリングストック法）もあります。

乱れていませんか？　生活リズム

　生活リズムが乱れて朝からあくびをしていたり、元気に活動ができていなかったりしていませんか。生活リズムをととのえるには、早起きをして朝の光を浴び、朝ごはんを食べて、体を目覚めさせます。そして、昼間はしっかり体を動かして、夜は暗い部屋でぐっすり眠ることが大切です。

早起き　　朝ごはん　　早寝

敬老の日

　9月の第3月曜日は敬老の日です。おじいちゃんやおばあちゃんを敬い、一緒に会食をして、みんなで楽しくすごしましょう。

月見とはどんな行事でしょうか

　月見は十五夜（旧暦の8月15日）と十三夜（旧暦の9月13日）に供えものをして美しい月を眺める行事です。
　月見の風習は、中国から伝わり、平安時代には貴族の間で月見の宴（うたげ）が行われるようになりました。江戸時代になると庶民に広まり、豊作祈願や収穫への感謝の意味を込めて、月に供えものをしていたといわれています。

マナー

おとながお手本になって

　食事マナーを守ると食事がしやすく、美しく食べることができるようになります。また、一緒に食事をする相手に不快な思いをさせずにすむので、相手を思いやることにつながります。みんなで楽しく食事をするためにもおとなが正しいマナーを示していきましょう。

夜ふかしをしていませんか？

日本の子どもたちは、世界で一番睡眠時間が短いといわれています。その原因は、夜ふかしや遅寝の生活習慣にあるようです。夜ふかしは、成長ホルモンの分泌に影響を与えたり、肥満のリスクを高めたり、朝食欠食につながって学力の低下を引き起こしたりするといわれています。朝食欠食につながる夜ふかしに注意しましょう。

食育

旬の食べ物
ぶどう

ぶどうは秋が旬です。濃い紫色の巨峰や巨峰を品種改良したピオーネ、種なしで小粒のデラウェア、淡い緑色のマスカットなど、さまざまな品種があります。ぶどうは、甘みの成分の1つであるブドウ糖や、水分が多く含まれるので、甘くてみずみずしいのが特徴です。

ぶどうは球形でスルッと口の中に入ってしまうので、窒息事故の危険があります。食べている間は目を離さないようにし、子どもにはよくかむように伝えましょう。

食事のリズムをととのえましょう

朝・昼・夕の3食と間食は毎日できるだけ同じ時間にとるようにしましょう。子どもが空腹や食欲を感じて、それを満たす心地よさを体感し、子ども自身が「おなかがすいた」という感覚を持てるようにすることが大切です。

飾り枠

10・11・12月

文 例

実りの秋、そして食欲の秋の到来です。秋には、新米やさんま、きのこ、くりなど、旬の食べ物がたくさん出回ります。また、今月はいよいよ、いもほり遠足に行ってきます。ご家庭にも持ち帰りますので、みなさんで味わってみてください。

11月8日は「いい歯の日」です。毎日の食事を健康な歯で、よくかんで食べたいものです。よくかむとだ液がたくさん出て消化がよくなったり、むし歯予防になったりして、よいことがたくさんあります。ご家庭でも、かむことの大切さを伝えてください。

今年も残り1か月となりました。おとなは慌ただしい日々かと思いますが、子どもたちにとっては、楽しいイベントがたくさん控えていて、わくわく感がいっぱいです。子どもたちと楽しい時間をすごしていきたいと思います。

10月はいろいろな行事が盛りだくさんに控えています。今、子どもたちが少しずつ準備をすすめているのは、ハロウィーンです。オレンジ色の西洋かぼちゃを見ると、「ジャック・オ・ランタンをつくるかぼちゃだね」と楽しそうに話しかけてくれます。

木々の葉も赤色や黄色に色づいて、紅葉の美しい季節になりました。晩秋になり、風も一段と冷たく感じられます。かぜがはやる季節ですが、かぜに負けないためにも、栄養バランスのよい食事をとるように心がけましょう。

12月には「冬至」があります。冬至は、1年中で夜が一番長い日です。冬至には、かぼちゃを食べたり、ゆず湯に入ったりすると健康にすごせるといわれています。ご家庭でも、かぼちゃを使った料理を食卓に並べてみてはいかがですか？

今がおいしい旬の魚

さけ

実は白身魚で、身の赤みはアスタキサンチンという色素によるものです。脂質や脂溶性ビタミンが多いのが特長です。

さば

旬のさばは脂がのっておいしくなります。酢でしめたしめさばや塩焼き、みそ煮など、さまざまな料理で食べられています。

さんま

秋の代表的な魚で、見た目が刀に似ていることから「秋刀魚」と書きます。DHAなどの脂質やビタミンB₁₂が多いのが特長。

どんなおやつを選びますか？

幼児期のおやつは、どのようなものが適しているのでしょうか？ 内容としては、牛乳や乳製品、果物、野菜、いも類、豆類などの自然の味を生かしたものにします。例えばふかしいもや、ゆでたとうもろこしなどです。市販のおかしを利用する場合でも、牛乳やヨーグルト、果物などを加えます。

食事の時はテレビを消しましょう

食事中にはテレビを消します。これは、食事のマナーとしても大切なことです。テレビを消すことで、食べ物を味わい、ゆったりと食事ができて、食べることに集中できます。また、会話も増えて、楽しい食事の時間をすごすことができます。

赤・黄・緑をそろえて栄養バランスのよい食事を！

食べ物は、おもに含まれている栄養素の体の中での働きにより、3つのグループにわけることができます。それぞれのグループの食べ物や働きを知り、上手に組み合わせて食事をとるようにしましょう。

赤の食べ物

魚、肉、卵、豆・豆製品、牛乳・乳製品、小魚、海藻など

黄の食べ物

ごはん、パン、めん、いも、砂糖、油など

緑の食べ物

野菜、きのこ、果物など

赤黄緑の食べ物の体の中での働き

赤：おもに体をつくるもとになる

黄：おもにエネルギーのもとになる

緑：おもに体の調子をととのえるもとになる

楽しいいもほり！

どの子どももみんな夢中になってほったさつまいも。大きないもが顔を出すとあちこちから歓声が上がりました。子どもたちが持ち帰ったさつまいもは、おやつや食事の時に、一緒に食べて、ぜひ「おいしいね」と声をかけてあげてください。

10月31日はハロウィーン

ハロウィーンは、ケルト民族の収穫感謝祭とキリスト教の行事が合わさったものです。ケルトでは10月31日の夜に死者の霊と一緒に魔女や悪霊なども出てくると信じられ、身を守るために仮面をかぶって、魔よけのたき火をしていたそうです。アメリカでは仮装した子どもが「トリック・オア・トリート」といって、近くの家にお菓子をもらいに行く風習もあります。

りんごに多い食物繊維 ペクチン

ペクチンは水にとけやすい食物繊維の1つです。消化されないまま腸まで届き、コレステロールなどを吸収しにくくします。また腸内にいる乳酸菌などのえさになって善玉菌を増やし、腸内環境をととのえてくれます。

食育

11月8日は いい歯の日

かみごたえのある食べ物を食べましょう

成長を喜び祝う儀式 七五三

七五三は、子どもの成長を願って11月15日に行われる儀式です。七五三の由来は「髪置（3歳になると髪を伸ばし始める儀式）」、「袴着（5歳になった男子が初めて袴を着る儀式）」、「帯解（7歳になった女の子が帯をしめて着物を着る儀式）」といわれています。無事に成長したことをお祝いしましょう。

子どもたちに伝えたい 食事のあいさつの意味

「いただきます」には、生きものの命をいただくという意味があり「ごちそうさま」には食事をつくるために駆け回ってくれた人への感謝の意味があります。子どもに食事のあいさつの意味を伝えましょう。

11月24日 和食の日 和食のよさを伝えましょう

海外では、和食ブームが続いていて、日本食レストランの数が増えるなど、和食文化への関心が高まっています。しかし、日本では、食の多様化や米の消費量の減少など、和食の存在感が薄れつつあるといわれています。

子どものうちから和食を食べる機会を増やして、和食文化を大切にしましょう。

旬の食べ物 冬野菜大集合！

・・・かぜをひいた時の食事・・・

熱が出た時

食欲がなくなりがちです。子どもが好きなもので、食べやすく消化のよいものにします。

下痢をしている時

体の中から水分や無機質が失われていきます。よく煮込んだ野菜スープなどを食べさせます。

のどが痛い時

辛いものや酸みのあるものなどの刺激物は控え、ゼリーなど、のどごしがよいものを与えます。

冬至ってどんな日？

冬至は、1年間の中で昼間がもっとも短く、夜がもっとも長い日です。冬至を境に少しずつ昼間の時間が長くなります。冬至にかぼちゃを食べると中風（脳の血管の病気）やかぜの予防になるといわれています。

大みそかの行事食

そばの細長い形から、長生きできますようにと願って食べる風習があります。

飾り枠

1・2・3月

文例

あけましておめでとうございます。今年もよろしくお願い申し上げます。

年末年始は、多くの人と食卓を囲み、会食する楽しさを味わったのではないでしょうか？ 子どもの成長に大切な共食の機会をぜひ、増やしてください。

2月3日は節分です。園でも豆まきをします。年少さんは鬼の迫力に驚き、泣いてしまうことも。年長さんは「鬼は外！」「福は内！」と元気な声を響かせて鬼退治をしてくれます。年少さんからは、年長さんに羨望のまなざしが注がれています。

3月3日はひな祭り。女の子の健やかな成長を祈る行事です。園ではひな人形を飾って、華やかな雰囲気です。給食では、ちらしずしやひなあられ、草もちなどでお祝いします。日本の伝統行事を楽しむひと時にしていきます。

あけましておめでとうございます。

正月に、雑煮やおせち料理を召し上がりましたか？ 1月は行事食を味わう機会が多くあります。園でも、七草がゆ、鏡開きなどを行います。行事の由来なども子どもたちに伝えたいと思います。

暦の上では春ですが、まだまだ寒さが厳しい時期が続きます。朝、ふとんから出るのがつらい時でもあります。寒い日の朝食に、温かい汁物があると、体もぽかぽかになって、元気に1日をスタートできます。

1年のまとめの時となりました。保護者のみなさま、今年も園の食育活動にご協力いただき、ありがとうございました。

今月は卒園する年長組の子どもたちと年下の組の子どもたちでお別れ給食をして楽しくすごします。

食育

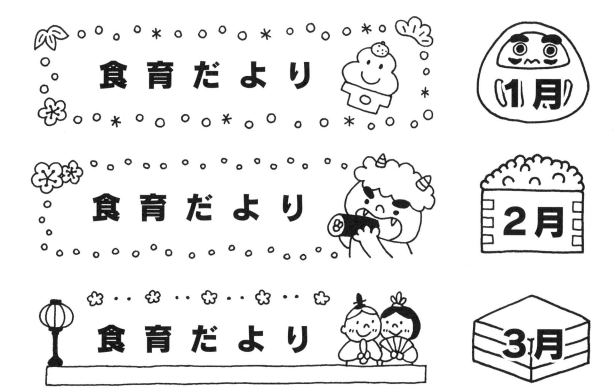

「ハレの日」ともち

「ハレの日」とは、年中行事の祭りや、人生の節目のいろいろな儀式の日のことをいいます。もちは神聖な食べ物として考えられ、「ハレの日」に神様に供えたり、食べられたりしてきました。年中行事では正月の鏡もちや雑煮など、人生の通過儀礼では初誕生の一升もちなどがあります。また、農業の節目にももちをついて神様に豊作を祈ってきました。もちは、わたしたちの生活に古くから根づいている大切な食べ物です。

どうしておせち料理を食べるの？

正月の行事食といえば、おせち料理ですが、もともとは五節句（正月7日、3月3日、5月5日、7月7日、9月9日）に神様に供えてからいただく「御節供（おせちく）」が変化したものです。今では、正月料理のことだけをさすようになりました。また、おせち料理には、家族の健康や幸せを願う意味が込められています。

1月11日は鏡開き

鏡開きは、神様にお供えしていた鏡もちを下げて割り、汁粉やあられなどにして食べます。鏡もちには、神様の霊魂が宿っていると考えられているため、包丁で切ることは縁起が悪いとされ、木づちなどでたたいて割ります。

なぜ七草がゆを食べるの？

七草がゆは、1月7日の朝に1年の無病息災を願って食べる行事食です。昔は、今のように1年中いろいろな野菜が手に入るわけではありませんでした。そのような中で、春先に芽を出す青々とした若菜には、強い生命力があると考えられていました。人々は春を待ってその若菜を摘み、おかゆにして食べることで、病気をせずに長生きができると考えていたのです。

節分と大豆

節分とは、もともと立春、立夏、立秋、立冬の前日のことをいいます。それが現在は立春の前日（2月3日頃）の節分が行事として残ったとされています。この日は炒った大豆を「鬼は外」などといいながらまいて、災いや邪気に見立てた鬼を追いはらいます（かけ声は地域によって異なります）。また、自分の年の数（またはプラス1個）を食べると、病気にならないといわれています。

このほかにも、いわしの頭やひいらぎを玄関にさしたり、その年の恵方に向けて太巻きずしを食べたりします。

大豆はたんぱく質が豊富

大豆はたんぱく質が多く、ゆで大豆100gには約16gも含まれています。これはとり肉（もも・皮つき）100gと同じくらいです。

たんぱく質は子どもたちが成長するためにとても大切な栄養素です。

さまざまな食品に加工される 大豆

生の大豆には独特のにおいと、味に苦みや渋みがあるため、加工して食べられてきました。加工方法には煮る、いる、蒸す、発酵させるなどがあります。

大豆を加工した食品には、豆腐や油揚げ、厚揚げ、納豆、豆乳、みそやしょうゆ、大豆油など、たくさんの種類があります。日本の食生活には欠かせない食品です。

はしの持ち方

ポイント

・上のはしは、えんぴつのように持ちます。
・下のはしは薬指と親指で支えます。
・はしの間に中指が入るようにします。
・はし先はそろえます。

食育

いろいろなことができる！便利なはし

はしは、はさんだり、混ぜたり、切ったり、ほぐしたりするなど、多彩な機能を持っています。はしを使うことは、手そのものの器用さが増すだけではなく、脳の発達も促すともいわれています。はしを使ってさまざまな動作にチャレンジしてみましょう。

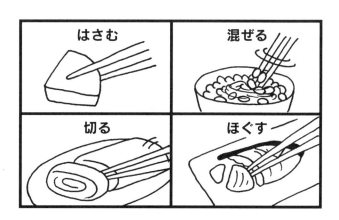

ひな祭り

3月3日は、ひな人形を飾って女の子の健康と幸せを祈る日で、桃の節句や上巳(じょうし)の節句ともいわれています。

ひな祭りの行事食には、春の食材を使ったちらしずしのほか、草もち、ひしもち、ひなあられ、はまぐりのうしお汁などがあります。行事の意味を子どもたちに伝え、楽しいひな祭りをすごしましょう。

桃の節句と食べ物

3月3日は、女の子の幸せを願う桃の節句です。桃の節句の行事食には、はまぐりのうしお汁があります。

はまぐりの貝は、対になっているもの以外とは合わないことから、夫婦の仲のよさをあらわすといわれています。

食卓で育まれる みんなで食べる楽しさ

家族そろって食卓を囲む機会(共食)が減っているといわれています。家族で食事の時間や場所を共有することで会話が生まれ、食事をおいしく、楽しく味わうことができます。

菜の花で春を味わう

旬の食べ物の菜の花は春を感じることができる食べ物です。花が開いたものは味が落ちてしまうため、つぼみのうちが食べ頃です。
おひたしや炒めものなどでおいしく味わってみましょう。

楽しく食べるための食事のマナー

食事のマナーには、食器を正しく持つことや、口に食べ物を入れたまま話さないこと、食べている途中で立ち歩かないことなど、いろいろあります。
子どもたちには単に食事のマナーを守らせるのではなく、楽しく食べるための決まりごとであることを伝えましょう。

できるようになったことをふり返ってみましょう

子どもたちは、1年間でできるようになったことが増えました。「食」に関することでは、食事のマナーに気をつけて食べられるようになった子や、苦手なものが食べられるようになった子など、さまざまです。
子どもたち自身が自分の成長に気づき、喜びを感じて自信につながるように、親子でふり返りをしてみませんか。

苦手なものもひと口だけでも食べてみましょう

幼児期の偏食は固定されたものではないので苦手なものでも食卓に出すようにして、「おいしいよ、少し食べてみよう」と声をかけ、無理強いはせずに見守りましょう。味つけの工夫や周りのおとながおいしそうに食べるところを見せると、興味を持って食べてくれることもあります。ひと口でも食べることができたら、「すごいね!」とほめてあげてください。

冬に多いノロウイルスによる食中毒予防のポイント

①食事の前やトイレの後などは、しっかりと手洗いをする
②下痢や嘔吐の症状がある時は、食品を取り扱わない
③加熱が必要な食品は、中心部までしっかりと加熱する
④調理器具は、使用後に洗浄・殺菌する

ノロウイルスは、手や指、食品などを介して、口などに入ることで感染します。嘔吐や下痢、腹痛などを起こし、子どもが感染すると重症化することもあります。

食育

しょくいく　ふりかえり　ちぇっく

できるように　なったら　はなに　いろを　ぬりましょう

しっかりと てあらいが できたかな	しょくじの あいさつは できたかな	きちんと すわって たべたかな	すききらいを しないで のこさずに たべたかな	ともだちと たのしく たべたかな

飾り枠

0・1・2歳用

文例

授乳の時は目を見て

　授乳の時は、できるだけ静かな環境で赤ちゃんをしっかりと抱き、優しく話しかけながら行います。授乳中にスマートフォンでSNSやゲームをしたり、テレビを見たりしながら与えることがないように注意します。

　授乳をしている時は親子関係を深めるよい機会ですので、目を見て授乳しましょう。

どうしていますか？　卒乳

　卒乳とは、子どもが自発的に母乳を飲まなくなることをさしています。卒乳の時期としては、母乳と離乳食を一緒に与えていて、食事だけで間に合い、子どもが母乳を欲しがらなくなった時と思ってよいようです。卒乳の時期は個人差もあります。また、子どもの心理的不安を解消する面なども考えて、自然に任せていくとよいでしょう。

離乳食のすすめ方について

5～6か月頃

　離乳食の開始の目安は、首のすわりがしっかりし、スプーンなどを口に入れても舌で押し出すことが少なくなる頃です。子どものようすを見ながらすすめます。1日1回1さじから始め、なめらかにすりつぶした状態のものを与えます。母乳やミルクは欲しがる分を与えます。

7～8か月頃

　1日2回食で食事のリズムをつけます。離乳食の後に母乳は欲しがるだけ、ミルクは1日3回程度与えます。いろいろな味や舌触りを楽しめるように食品の種類を増やしていきます。舌でつぶせるぐらいのかたさ（豆腐のようなやわらかさ）にします。

9～11か月頃

　1日3回の食事のリズムを大切にすすめていきます。歯ぐきでつぶせる、バナナぐらいのかたさのものを与えます。9か月以降は鉄が不足しやすいので、赤身魚、肉、レバーやこまつななど、鉄の多い食品を工夫して取り入れます。

12～18か月頃

　1日3回の食事で生活リズムをととのえます。エネルギーや栄養素の大部分が母乳やミルク以外の食べ物からとれるようになります。歯ぐきでかめるくらいのかたさ（肉だんごぐらい）が目安です。手づかみ食べを十分にさせて、自分で食べる楽しさを体験させます。

大切な成長の過程！手づかみ食べ

　12か月以降は手づかみ食べが主となります。自分で食べることができるようになるよう、食べる意欲を大切にしましょう。そのためにも手づかみ食べにあった食事（おにぎりや、野菜を大きめに切るなど）にします。また、汚れてもよいようにエプロンをつけたり、テーブルの下に新聞紙やビニールシートを敷いたりして、後片づけがしやすいように準備しておきましょう。

使いやすいスプーンを選ぼう

　12～18か月くらいの頃に使用するスプーンは、口の幅の2/3程度でボウル部が深すぎないもの、重すぎないもの、柄の太さや長さが手の大きさと合うものがよいでしょう。

遊び食べとは

　食器の中の食事をかき混ぜたり、コップの水をこぼしてみたり、遊び食べが見られることがあります。しかし、これは1人で上手に食べられるようになるための発達の過程による大切なものです。汚れてもいいようにエプロンをさせて、テーブルの下に敷物を敷くなどの対策をしておきましょう。

子どもに合ったサイズのものを選びましょう

　子どもが使用する食具は、大きさや長さなどがその子どもの年齢に合ったサイズで、使いやすいものを選びましょう。
　また、いすなどもテーブルの高さと座面のバランスがとれていて、足がしっかりつくように足のせがあるものを選んだり、踏み台を置いたりして、子どもに合ったものにしましょう。

食事の環境づくり

　食事をする時には、食事に集中できる環境をととのえることが大切です。おもちゃなどの気になるものは片づけて視界に入らないようにし、テレビも消します。食事に集中できる環境で楽しい食事の時間にしましょう。

食育

食べ物による窒息事故を防ぐために

食べ物による窒息事故は0～2歳児で多く見られます。窒息事故の理由の1つに食べ物の丸のみがあげられます。直径1～5cm程度の大きさでかみにくく、一口サイズで吸い込めるものは危険性が高まります。窒息事故を防ぐためにも次のことに気をつけましょう。

・テレビを見ながらの食事や、口に入れたまま話すことをさせない。
・食べる機能の発達に合わせて食品を適切な大きさにする。
・食事の際は、だれかがそばにいて注意して見守る。
・ゆっくりよくかんで食べるように注意を促す。
・遊んだり歩いたり、寝転んだりしたまま食べさせない。
・食事中にびっくりさせるようなことはしない。

大切にしたい 食べる意欲

お子さんの少食や食欲がないことを気にされる保護者の方もいらっしゃるかと思います。食べる意欲を高めるためには、早起き早寝で生活リズムをととのえ、遊びによってエネルギーが消費できるように工夫します。また、空腹のためには、食事前にジュースや牛乳などのエネルギーの高い飲み物は控えます。盛りつけを工夫して、子ども自らが食べたいという意欲を持たせることが大切です。

おやつも 食事の1つです

子どもは、3回の食事だけでは必要なエネルギーや栄養素を満たすことはできません。そこで間食を食事の一部として考え、エネルギーや栄養素、水分の補給を行います。穀類やいも類などに牛乳、チーズなどのたんぱく質の多い食品、果物、野菜などでバランスよくととのえ、とりすぎに注意しましょう。

幼児食を始めます！

離乳食が完了すると幼児食が始まります。幼児食で大切なのは自分で食べたいという気持ちです。手づかみからスプーンやフォーク、はしなどの食具を使う食事に変化していきます。食具で扱いやすいような食材の大きさにして、調理の仕方なども工夫していきましょう。

はちみつは1歳をすぎてから

1歳未満の乳児に、はちみつを与えてはいけません。

これは、はちみつの中にボツリヌス菌がいた場合、菌が乳児の未熟な消化管に入り、毒素を出して神経麻痺を起こすことがあるからです。十分に気をつけましょう。

乳幼児が気をつけたい食物アレルギー

文例

食物アレルギーとは

ある特定の食べ物が原因となり、体を守る免疫が働き、じん麻疹や、湿疹、下痢、せきなどのアレルギー症状が出ることを食物アレルギーといいます。

食物アレルギーがあることで、特定の食べ物を一生食べられないという人もいますが、乳幼児に発症した子どもの多くが年齢と共に症状がよくなるといわれています。

食 育

乳幼児に多い 食物アレルギーの原因食

食物アレルギーの原因は、食品の中に含まれるたんぱく質です。そのため、たんぱく質を多く含んでいたり、大量に食べる機会が多かったりする食品ほど、アレルギー反応を引き起こしやすくなります。

食物アレルギーの原因となりやすい食品は、年齢によってもかわってきます。例えば、乳児では、卵、牛乳、小麦が多く、1歳から6歳までは、魚卵、落花生、そば、木の実類などが新たな原因となります。

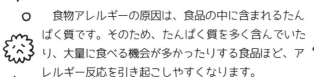

アレルギーについて園・所での配慮が必要な場合は、「生活管理指導表」の提出をお願いしています。

食物アレルギーのさまざまな症状

症状の多くは、皮膚や粘膜（唇やまぶたのはれ）にあらわれますが、そのほかにも消化器や呼吸器、また全身性症状としてあらわれることもあります。

皮膚症状		かゆみ、じん麻疹、赤み、湿疹（乳児期を中心とする）
粘膜症状		眼症状：目の充血、はれ、かゆみ、流涙、まぶたのはれ
		鼻症状：くしゃみ、鼻水、鼻づまり
		口腔咽頭症状：口・唇・舌の違和感、はれ、のどのかゆみ、イガイガ感
消化器症状		腹痛、悪心、嘔吐、下痢、血便
呼吸器症状		のどがしめつけられる感覚、声がれ、せき、ぜん鳴、呼吸困難
全身性症状		アナフィラキシー

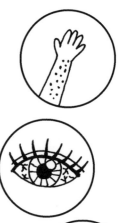

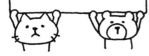

アナフィラキシー症状とは？

全身の多臓器に重篤な症状があらわれることです。生命を脅かす症状をともなうものを、アナフィラキシーショックと呼びます。

うちの子、食物アレルギーかな？

お子さんに食物アレルギーのような症状があった時には、自己判断をせずに、必ず医師の診断を受けましょう。

加工食品の アレルギー表示

アレルギーの原因となる食品のうち、患者数の多さや症状の重さから表示が義務づけられているものや、表示が推奨されているものがあります。

	特定原材料等
義務 （7品目）	卵、乳、小麦、落花生、えび、そば、かに
推奨 （20品目）	いくら、キウイフルーツ、くるみ、大豆、バナナ、やまいも、カシューナッツ、もも、ごま、さば、さけ、いか、鶏肉、りんご、まつたけ、あわび、オレンジ、牛肉、ゼラチン、豚肉

災害時に備えて	**食物アレルギーのお子さん用の備蓄を**

アレルギー対応食品を1週間以上は備蓄しておきます。
またエピペン®、抗ヒスタミン薬など、普段携帯しているものをすぐに持ち出せるように、保管場所を工夫しておきます。

はじめての食べ物は少量ずつ！

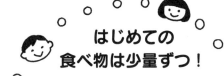

アレルギー反応が出た食材を確認するためにも、はじめて与える食材は1種類ずつ・1さじずつ3日連続で与えるようにします。与える時は、日中小児科の診療時間内に行い、食べた後のようすをきちんと観察しておくように注意しましょう。

食育

飾り枠

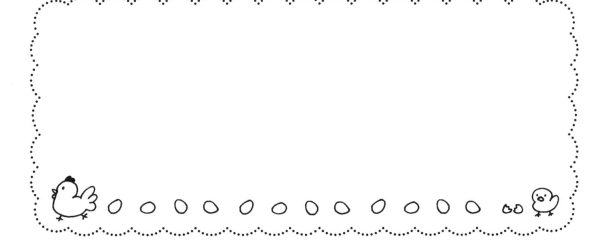

たより

○○○○○○○○所
○○年○○月○○日
所長　○○○○○
栄養士　○○○○○

まだまだ残暑の厳しい9月ですが早起き早寝朝ごはんで、生活リズムをととのえることが大切です。
9月には、月見や敬老の日、お彼岸などの行事があります。秋の深まりを感じながら、日本の文化に触れる機会にしてみてはいかがでしょう？

防災の日　食品の備蓄を見直しましょう

9月1日は防災の日です。食品の備蓄は、水やレトルトごはん、缶詰、菓子などを用意して、栄養が偏らないように注意しましょう。普段から日常的に利用している食品を多めに購入して、循環させながら備える方法（ローリングストック法）もあります。

乱れていませんか？　生活リズム

生活リズムが乱れて朝からあくびをしていたり、元気に活動ができていなかったりしていませんか。生活リズムをととのえるには、早起きをして朝の光を浴び、朝ごはんを食べて、体を目覚めさせます。そして、昼間はしっかり体を動かして、夜は暗い部屋でぐっすり眠ることが大切です。

早起き　　朝ごはん　　早寝

敬老の日

9月の第3月曜日は敬老の日です。おじいちゃんやおばあちゃんを敬い、一緒に会食をして、みんなで楽しくすごしましょう。

月見とはどんな行事でしょうか

月見は十五夜（旧暦の8月15日）と十三夜（旧暦の9月13日）に供えものをして美しい月を眺める行事です。
月見の風習は、中国から伝わり、平安時代には貴族の間で月見の宴（うたげ）が行われるようになりました。江戸時代になると庶民に広まり、豊作祈願や収穫への感謝の意味を込めて、月に供えものをしていたといわれています。

安全編

文例 & イラスト

4・5・6月

文例

　暖かな春の日ざしに包まれながら新年度がスタートしました。園では、毎月さまざまな安全指導を行っていきます。子どもたちが、安全で、安心して園生活が送れますように、心がけてまいります。どうぞ、よろしくお願いします。

　風薫る5月、元気よくこいのぼりが空にはためいています。5月は、外での活動に適したさわやかな季節ですが、意外に気温の高い日も多く、車の中に子どもを残して熱中症になるという事故も、たびたび起きています。十分に注意しましょう。

　雨の季節を迎えました。園では、先日、傘をさす時の約束について話をしました。「傘をくるくるふり回さない」「人に向けてささない」など、いくつかの"約束事"を確認しました。ご家庭でも、傘の扱い方についてお話ししてください。

　ご入園・ご進級おめでとうございます。新生活に期待を膨らませている子どもたち。登園、降園の際には、交通ルールがきちんと守れるように、園でも指導を行っていきます。ご家庭でも保護者の方がお手本になってあげてください。

　木々の緑も鮮やかな5月。園では近所の公園などへ散歩に出かけています。子どもたちには、手をつないで道路の端を歩くように話しています。
　ご家庭でも、道路を歩く時に、手をつないで、お子さんは内側を歩かせるようにしてください。

　散歩の時に、あじさいの上にかたつむりを発見！かたつむりのゆっくり動く姿を観察しました。雨の日で室内遊びが多い中、思いっきり走り回れないことが多いので、そんな時は、子どもたちとかたつむりになった気持ちでスローな動きを楽しんでいます。

交通安全
道路をわたる時の注意点

わたる場所

横断歩道を必ずわたらせましょう。その時、左右の安全を確認することを教えましょう。

わたり方

途中で信号が点滅したら、すぐにわたるか引き返すルールがあります。保護者は手を引き、子どもに指示しましょう。

注意 道路への飛び出し

飛び出しは、横断歩道だけではなく、どんな場所でも危険です。絶対にやめましょう。

いつもしっかり手をつなごう！

道を歩く時の基本は「子どもだけで行かせない」です。

交通事故や、迷子になってしまうなどの思わぬ危険を避けるためにも、外出をする時には、保護者は子どもと手をしっかりとつないでください。

子ども乗せ自転車の約束

園への送り迎えや買い物などに便利な「子ども乗せ自転車」ですが、停車中や押し歩きの時にバランスをくずさないように注意してください。子どもの乗り降りの際には、しっかりとスタンドを立てて、乗せる時には「荷物が先、子どもは後」降ろす時には、「子どもが先、荷物が後」の順番で行うと安全です。

園のセキュリティーについて

登園・降園の際の、門の開閉、鍵のかけ忘れには十分にご注意ください。不審者の侵入や子どもたちの飛び出しを防ぐためにも、みなさまのご協力をお願いします。

園外保育に向けてお子さんに声かけを

園では、日常の散歩をはじめ、さまざまな施設や遠足などで園外保育を行います。ご家庭で出かける際には、道路ではしっかり手をつないで歩くこと、横断歩道をわたる時に注意すること、電車に乗る時のマナーなど、お子さんに声をかけてください。

雨の日の登園は

梅雨に入り、雨の日が多くなりました。雨の日の登園は、傘をさしたり、レインコートを着たり、長ぐつを履いたりして、いつもより時間がかかることもあります。

時間に余裕を持って、早めに行動するように心がけましょう。

はさみを使う時は

- 刃先の丸い「子ども用はさみ」を使います。
- 刃先は人に向けないように伝えましょう。
- はさみをほかの人にわたす時は、刃先を閉じて刃の方を握り、持ち手の方を相手にさし出すように伝えましょう。

傘の扱い方に注意

雨の日には、傘の扱い方に注意が必要です。

- 人に向けないこと。
- ふり回さないこと。
- 傘を開く時は近くに人がいないことを確認する。

口にくわえながらは危険です！

歯ブラシやはし、ストロー、くしや棒にささった食べ物などを口にくわえたまま、歩いたり遊んだりしていませんか？ こんな時に転倒すると、口内や眼球、鼻腔などにけがをする危険性が高くなります。絶対にやめさせましょう。

7・8・9月

文例

　プールが始まりました。プールの時の約束で、「プールサイドは走らない」「友だちを押さない」「先生の話をよく聞く」などを確認しました。プール遊びは、子どもたちもとても楽しみにしていますので、約束を守って行いたいと思います。

　海や山に出かけるご家庭も多いかと思います。この時期は海や川などの水辺の事故が毎年、報道されています。子どもから目を離さないようにすることが基本ですが、ライフジャケットを身につけるなどの対策もしておきましょう。

　9月1日は「防災の日」です。近年、いろいろな地域で大きな災害が起こっています。
　いざという時の備えは万全ですか？　非常用の持ち出し袋の中身や電池が使用できるかなどは、定期的にチェックをしておくことが大切です。

　毎日、蒸し暑い日が続いています。子どもたちには、熱中症予防のために、水分補給と帽子をかぶることについて話をしました。また、帽子をかぶっていても直射日光の下で長く遊ばないことや、日陰で休むことについても話をしています。

　夏は、花火大会など、大勢の人が集まるイベントに出かける機会も多いかと思います。ほんの少し目を離したすきに迷子になってしまったということがないように、手をしっかりつなぐなどの、迷子を防ぐ対策をお願いします。

　9月は秋の全国交通安全運動があります。
　道路を歩く時には、自動車や自転車に気をつけることなど、ご家庭でも交通ルールについてお子さんにご指導いただきたいと思います。また、保護者のみなさまも交通安全を心がけてください。

安全

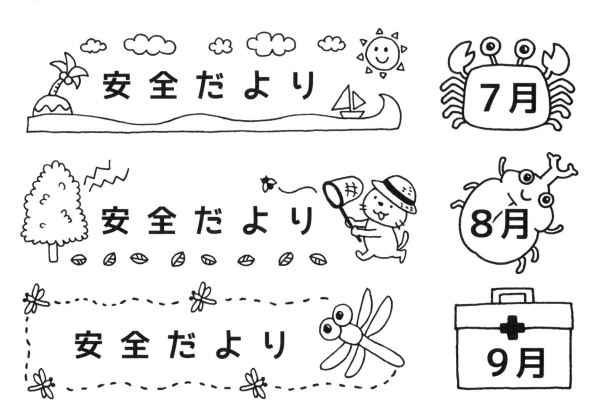

チャイルドシートに座らせましょう

子どもを車に乗せる時にはチャイルドシートにきちんと座らせていますか？

短時間の乗車であっても、必ずチャイルドシートに座るように日頃から子どもに伝えます。また、チャイルドシートが正しく設置されているか、使用時は、肩ベルトなどが子どもの体にフィットしているかを必ず確認して調整します。

車内への置き去りは危険！

「少しの時間だから」「冷房を入れておけば大丈夫」と油断して、車に残した子どもが熱中症で亡くなるケースが後を絶ちません。夏場の車内温度は50℃以上にもなるので、絶対に子どもを車内に残さないように気をつけてください。

花火で遊ぶ時はルールやマナーを守ろう！

- 花火の注意事項をよく読んで守り、子どもだけで遊ばせない。
- バケツに水を用意し、燃えかすはバケツの水で完全に消す。
- 燃えるものがある場所では遊ばせない。
- 風の強い日は遊ばせない。
- 人に向けないように注意する。
- 花火を束ねて点火しない。
- ごみは持ち帰る。

夏の野外活動を安全に楽しむために

夏の野外活動を行う時の基本的な服装は薄手の長袖・長ズボンにします。行き帰りは涼しい服装であっても、目的地に到着した場合には、着がえて活動をします。そうすることで、紫外線や虫や植物などから皮膚を守ることにつながります。

帽子

夏の激しい日ざしを防ぎます。転倒した時に頭を守るのにも役立ちます。

長袖・長ズボン

日焼けから皮膚を守り、虫さされや、植物によるかぶれを防ぐことができます。また、草の葉などによる切り傷や、転倒した時のけがから身を守るためにも役立ちます。

プールや川で気をつけたいこと

プール
プールサイドはすべりやすいのでふざけたり走ったりすると、けがをする恐れがあります。やめましょう。

川 川岸に近づかない
足元が見えない草地では川がどこにあるのかわからず、足を踏み外して転落する危険があります。

川 石の上には乗らない
川の中の石はコケがはえていてすべりやすいので、石に乗ると転倒する危険があります。

9月1日は防災の日
災害に備えよう！

9月1日は「防災の日」です。災害が起きた時の被害を最小限にするためにも、日頃の準備や対策が大切です。家の中や周りの点検、非常用持ち出し袋のチェックなどをします。食料や水などの備蓄品は最低3日分準備します。災害に備えて家族で準備をしておきましょう。

夏
不審者に注意！

夏場は、海や川だけではなく公園などで水遊びをする機会も増えます。そのような場所での盗撮被害も発生しています。
どこに不審者の目があるかわかりませんので、保護者が十分に気をつけることが大切です。

安全

避難の合い言葉「おは（か）しも」

避難の際の合い言葉は「おは（か）しも」です。
「お」は「押さない」
「は」は「走らない」
（「か」は「かけない」）
「し」は「しゃべらない」
「も」は「戻らない」
という意味があります。あせらず冷静な行動と判断を促すための言葉です。
「おは（か）しも」を話題に、親子で防災を考えてみましょう。

秋の
交通安全運動です

9月21日～30日は、「秋の全国交通安全運動」です。交通ルールを知り、きちんと守ることが大切です。また、9月30日は「交通事故死ゼロを目指す日」です。悲惨な交通事故をなくすためにも、1人ひとりが交通安全について、考えて行動していきましょう。

10・11・12月

文例

　園では、避難訓練を行っています。地震を想定した訓練を多く実施していますが、時には大雨などの水害の場合による避難訓練も行っています。大雨などの水害の場合は、地震の際と避難場所が違う地域もあります。ご家庭でもご確認ください。

　暦の上では「立冬」で、冷たい木枯らしが吹き始めます。園庭で遊ぶ時には、薄手の上着を羽織る場合もあります。余計な飾りなどがないシンプルなもので、自分で脱ぎ着ができる上着を持たせてください。よろしくお願いします。

　今年も残すところ1か月です。寒さも厳しくなってきました。寒くなってくると、ポケットに手を入れて歩いているお子さんを見かけることがあります。
　ポケットに手を入れていると転んだ時に手が出なくて危険です。寒い時は手袋を使いましょう。

　公園に散歩に行った時に、遊具で遊んできました。遊具の正しい使い方や、友だちと順番で使うことなどを、子どもたちに話しました。ご家庭でも公園の遊具で遊ぶこともあるかと思います。マナーを守って安全に遊べるように保護者の方もお声かけください。

　11月9日は119番の日です。また、この日から1週間は「秋季全国火災予防運動」です。
　空気が乾燥して火災が起きやすい時期です。消火器の点検など、ご家庭でも火災に十分注意して対策を行ってください。

　12月は、街もイルミネーションなどで華やかになり、外出する機会も多くなります。人混みでは手をつなぎ、迷子にならないように気をつけましょう。
　また知らない人についていかないように、子どもたちにもしっかりお声かけください。

子どもの足のサイズに合った靴を履かせよう！

靴を履く時には、靴の中で足全体が動かないように、かかとの位置を合わせます。靴の両側をぎゅっとつまんで、ベルトを引っぱり、しっかりとめます。

スマホではなく子どもを見てください

インターネットやメール、ゲーム、SNS……歩きスマホは交通安全の面から危険なばかりではなく、子どもから注意がそれてしまいます。「隣を歩いているから大丈夫」と思わずに、子どもと手をしっかりつないでください。

子どもの持ち物や衣服に名前を書きましょう！

不審者に名前を知られないために持ち物に名前を書いていない場合が見られます。しかし記名があると迷子対策になることも。ほかの人からは見えにくい場所に工夫して記名するようにしましょう。

土踏まずのココ！！

車の近くでは遊ばせない

駐車場など、車の通るところでの遊びは禁止です。また自宅前の路地での遊びも、交通安全の面から避けるべきです。子どもは、遊びに夢中になると周囲が見えなくなります。車の近くでは、遊ばせないことです。

悪い人は外見ではわかりません

不審者は見るからに怪しい姿ではなく、ごく普通の人々に紛れて近づいてきます。また、残念ながら「顔見知りの人」だからといって、絶対に安心だともいえない時代です。「すぐ近くだから」「少しの間だから」と油断しないことです。特に公園やショッピングセンターなどのトイレに１人で行かせないようにしましょう。

安全

遊ぶ時のマナーを身につけさせましょう

子どもたちが遊ぶ公園では、いつもの友だちだけではなく、知らない子どもたちと接する機会もあります。「ちゃんと順番を守ろうね」「ほかの子にも譲ろうね」「けんかをしたら仲直りしようね」と、他者とつき合っていくために大切なことを身につけさせましょう。

寒い季節の外遊びには安全な服装を

これから寒い季節に向かいますが、厚着をしたまま遊ぶと動きにくくなるだけではなく、思わぬ事故につながります。フードやひものついた服は避け、マフラーや手袋、かばんは外して、すっきりとした動きやすい服装で遊ばせるようにしましょう。

自転車に乗ったり、練習をしたりする時は

自転車の練習をする時は、駐車場や路地などでは行わず、自転車の乗り入れが可能な公園などで、周囲に注意して行ってください。補助輪の有無にかかわらず、転倒した時に備え、必ずヘルメットをかぶらせます。練習をする時はもちろん、自転車に乗れるようになってからも、必ず保護者が同伴し、目を離さないでください。

ポケットに入れず、手をつなごう

寒いからといって、コートやジャンパー、ズボンのポケットに手を入れたまま歩いていませんか？ 子どもはもちろん、保護者のみなさんもポケットに手を入れたままでは、体のバランスがうまくとれずに危険です。ポケットに手を入れないためにも、保護者は子どもとしっかり手をつないで歩きましょう。

寒さ対策は手袋で

寒い季節には、手をポケットに入れがちになります。両手を自由に使えるようにするためにも、防寒は手袋でするようにしましょう。

1・2・3月

文例

　あけましておめでとうございます。今年もよろしくお願いいたします。
　正月には、たこあげやこま回しなど、正月ならではの遊びをお子さんと一緒に楽しんでみてはいかがでしょうか？

　寒さ厳しい2月。路面の凍結や雪が降り、転倒などの危険があります。雪が降った時は、ペンギンのように歩幅を小さく、足の裏の全体をつけて歩くようにします。また、雪の日は時間に余裕を持って行動しましょう。

　年長組の子どもたちは、あと1か月で小学生になります。園では、「いかのおすし」について話をしました。子どもたちも真剣に話を聞いていました。ご家庭でも「いかのおすし」について話してみてください。

　新しい1年が始まりました。寒さの厳しい冬本番を迎え、暖房器具や温かい食べ物・飲み物が欠かせない季節には、やけどをしてしまう危険性も高くなります。子どもはもちろん、保護者のみなさんも思わぬやけどをしてしまわないように注意しましょう。

　立春を迎え、暦の上ではもう春ですが、まだまだ寒さの厳しい日々が続きます。昔から「子どもは風の子」といわれています。外で元気に遊んで寒さに負けない体づくりをするためには防寒はもちろんですが、何よりも安全な服装選びに気をつけましょう。

　早いもので、今年度も最後の月となりました。ご家庭にもさまざまな面でご協力をいただき、大きな事故もなくすごすことができました。ありがとうございました。残りわずかですが、気を引き締めて園の生活が安全に送れるように努めてまいります。

安全

やけどを防ぐには「触らせない」

家庭内でのやけどの多くは、キッチンやリビングで発生しています。キッチンでは調理中のようすを見にきた子どもが、ガスこんろやなべ、フライパン、オーブンやトースターなどに触れてしまうことが考えられます。また、テーブル上の熱い飲み物や食べ物に手を伸ばしてしまうこともあります。

家庭内に潜む「やけどをしてしまう危険」について、しっかりと子どもたちに伝えてください。

冬場の凍結した道では

まず心がけたいことは、時間に余裕を持つことです。「ゆっくり行動する」を基本に、歩く時は一歩一歩、小さな歩幅にします。転倒防止のためには、お子さんにも、落ち着いてゆっくり行動することを話し、また、手はポケットに入れないこと、手袋をすることなども伝えておきましょう。

安全な服装で

冬場の寒い時に、マフラーの端を長く垂らしていると、遊具などに引っかかってしまいます。普段から端が短めになるように巻いておき、遊ぶ時は外しましょう。

帰りが遅くなってしまったら
明るく見通しのよい道を通ろう

明かりが少なくて暗い道や、物陰が多くて見通しの悪い道、人通りの少ない寂しい道は、事件に巻き込まれてしまう可能性が高くなります。

子どもの安全を守るためだけではなく、保護者自身の身を守るためにも、できるだけ明るくて見通しのよい道や、人通りの多い道を選んで歩くようにしましょう。

覚えておこう！災害用伝言ダイヤル

災害時に固定電話、携帯電話などの電話番号あてに安否情報（伝言）を音声で録音（登録）し、全国からその音声を再生（確認）することができます。1件の電話番号当たり、1〜20伝言まで登録できます。いざという時のために覚えておきましょう。

1 7 1

防災意識を高めましょう

日本では、地震や水害など大きな災害がたびたび起こっていますので日頃からの備えが大切です。

小さな子どもがいるご家庭では、子どものことを考えて、備蓄品なども準備しておきます。紙おむつやミルクなどはもちろんですが、子どもが心を落ち着けることができる、おもちゃなどの愛用のものを持ち出せるようにしておくとよいでしょう。

やくそく いかのおすし

お子さんに向けて、ぜひ、「いかのおすし」についてお話ししてください。

いか……いかない
の……のらない
お……おおきなこえでさけぶ
す……すぐにげる
し……しらせる

もしも、知らない人に声をかけられたら……

もしも、子どもだけでいる時に、知らない人から誘いかけられたら、話に乗らずに無視をする、大きな声で周囲に助けを求めるなどをしつつ、とにかくその人（不審者）や場所から逃げることが大切です。

また、いざという時に大音量で周囲に危険を知らせる防犯ブザーを準備して、使い方を教えておくのもよいでしょう。

頼れる場所を知っておこう！

小学生になれば、今までとは違って子どもだけで登下校をすることになります。前もって、親子で一緒に歩き、安全な道を通学路に選びましょう。また、交番や「こども110番」の家や店など、困った時に駆け込める場所を確認しておきましょう。

入学に向けて 通学路を確かめよう

もうすぐ小学1年生です。たくさんの期待を抱いて、ワクワクしているかと思います。しかし、1年生になると保護者が送り迎えをする生活ではなくなります。入学前に、朝と夕方に親子で通学路を何度か歩いてみましょう。「こども110番」の家もあわせて確認しておきます。また、人通りが少ない道、交通量が多い道路など、危険と思われる場所も確認し、注意しておきます。

安全

０・１・２歳用

文例

危険　ベビーカーの荷物のかけすぎ

ベビーカーに荷物をたくさんかけていませんか？　重い荷物をぶら下げているとバランスをくずし、転倒することがあります。注意しましょう。
ベビーカーを使用する時は、ベルトは必ず正しく、しっかりと締めましょう。

赤ちゃん目線で安全対策を

赤ちゃんの目線で安全対策を行いましょう。新生児で寝てばかりいる時でも、就寝時の窒息事故を防ぐために、顔が埋もれるようなやわらかい寝具は使用しないように注意します。
また、ハイハイやつかまり立ちをする時期には、手の届くところに誤飲や、やけどしやすいものを置かないようにします。

誤飲の場合には

❗ 何も飲ませない
- タバコ
- 除光液、灯油、ガソリン、ベンジンなどの揮発性物質
- ボタン電池

→ **吐かせないで、至急病院へ** ←

■水や牛乳を飲ませる
- 大部分の医薬品など
- トイレ用洗剤、漂白剤などの強酸、強アルカリ性物質

■牛乳は飲ませない
- ナフタリン、パラジクロルベンゼンなどの防虫剤

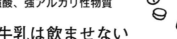

迷った時は

中毒110番
（公財）日本中毒情報センター
- 大阪中毒110番
　（24時間対応）
　072-727-2499
- つくば中毒110番
　（9時〜21時対応）
　029-852-9999

【病院へ行く際は】①何を飲んだか、②いつ飲んだか、③どれだけの量を飲んだか、④顔色が悪いなど、いつもと違うところはないか、⑤けいれんはしていないか、⑥意識ははっきりしているかを確認し、誤飲したものや容器、説明書などがあれば持参する。

乳児の非常用持ち出し袋を準備

乳児がいる場合は、紙おむつ、おしりふき、育児用ミルク、調乳用の水、ほ乳瓶、離乳食（市販品）、おやつ、着がえ（夏でも長そで、長ズボンを）、タオル、防寒着、抱っこひも（おんぶひも）、帽子、子ども靴、常備薬、おもちゃ（音の出ないもの）、絵本、母子健康手帳などを用意しておきます。

短い時間でも外出はやめましょう！

よく寝ているから、少しの時間だからと、子どもが寝ている間の買い物などはやめましょう。起きた時に親を探し、ベランダから転落するなどの事故は後を絶ちません。子どもを残しての外出は絶対にやめましょう。

車に乗せる時は必ずチャイルドシートに

チャイルドシートは後部座席にしっかりと取りつけて、正しく使用します。短時間でも必ずチャイルドシートに座らせます。

ふろ場での溺水事故に注意

事例 生後10か月くらいで立てるようになったので、浮き輪をつけて湯船に入れ、立たせていた。親がシャンプーをしているすきに浮き輪から体がぬけておぼれかけた。

■子どもをふろ場で1人にしない

■子どもが小さいうちは、入浴時以外の時間は、浴槽の水をぬく

乳幼児は少しの水でもおぼれるため、注意しましょう。

注意　抱っこひもからの落下事故

抱っこをしたまま前かがみになった時、子どもが落下した事故や、落ちそうになる事例が起きています。抱っこひもを使用する時は、肩ベルトを持って引き上げるようにし、抱っこひもの底部とおしりがしっかりとおさまるようにします。使用中は、必ず手で支えるようにしましょう。

安全

幼児2人同乗用自転車に乗せる時は

幼児2人を同乗させることができる特別な構造の自転車には、6歳未満の幼児2人を乗車させることができます。幼児を乗せる時は、子どもにシートベルトを装着し、ヘルメットを着用させます。また、乗車させる子どもの体重制限（前部座席15kg、後部座席22kg）を超えないようにご注意ください。

自転車の事故でもっとも怖いのが転倒した時に頭を打つことです。子どもを自転車に乗せる時には、必ずヘルメットをかぶらせましょう。

ハイハイ、つたい歩きの時、やけどの危険がアップ

ハイハイしている時に床にあった電気ポットのコードを引っぱり、ポットが倒れてやけどをする事例があります。子どもの手の届くところに熱くなるものを置かないようにしましょう。

低温やけどに注意！

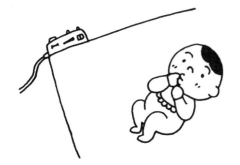

湯たんぽや電気カーペットなどで長時間皮膚が同じ場所に触れると、低温やけどをすることがあります。長時間使用しないようにしましょう。

チェック　家の中の安全点検を

- ☐ 階段や玄関に移動防止柵を設置しておく。
- ☐ ドアのちょうつがいにすき間防止カバーをつける。
- ☐ コンセントにはコンセントカバーをしておく。
- ☐ ポットや炊飯器などは、子どもの手の届かないところに置く。
- ☐ 誤飲しやすいタバコや薬、洗剤などを子どもの手の届くところに置かない。
- ☐ おふろ場には1人で入れないようにし、浴槽の水はぬいておく。

家庭内で起こりやすい事故

文例

気をつけて!! 洗面所

事例 踏み台に乗り、うがいをする時に前に重心が傾いて、転倒しそうになった。

事例 ドラム式の洗濯機の中に入り、出られなくなってしまった。

注意すること

- 洗濯機のふたは、必ずチャイルドロックをかける。
- 折りたたみの踏み台を使用している場合は、頻繁に強度を確認する。
- 誤飲を防ぐため、洗剤は子どもの手の届かないところに置いておく。
- 歯みがきをしながら、歩き回らない。

気をつけて!! 浴室

事例 ふろ場の床ですべって、転んで頭を打った。

事例 1人でふろ場に入り、浴槽をのぞき込んで、転落した。

注意すること

- 子どもが小さいうちは浴槽の水をぬく。
- 子どもをふろ場で1人にしない。
- カミソリ、シャンプーなどは子どもの手の届かない場所に置く。
- おとなが髪を洗う時は、子どもを浴槽から出す。
- 子どもだけで浴室に入れないようにロックをかける。

気をつけて!! ベランダ

事例 ベランダで室外機に乗って、ぴょんぴょんとジャンプをしていた。

注意すること

- 子どもだけでベランダに出さない。
- ベランダに1人で出られないように、子どもの手が届かない位置に補助の鍵をつける。
- ベランダに植木鉢やいすなどの踏み台になるようなものを置かない。
- 転落事故を防ぐために、子どもだけを家に残して外出しない。

安全

気をつけて!! キッチン

事例 炊飯器の蒸気に触れてしまい、やけどをした。

事例 漂白剤や洗剤を誤飲してしまった。

注意すること

- 炊飯器や電気ケトルなどは、子どもの手の届かない場所へ置く。
- 包丁、ナイフ類は出しっぱなしにしない。
- 洗剤や漂白剤は、子どもの手の届くところに置かない。
- こんろのスイッチが押されないように、ロックをかけておく。

気をつけて!! リビング・階段

事例 ドアの間に指をはさむけがをした。

事例 階段の上から誤って転落した。

注意すること

- 階段に行けないように移動防止用柵をつける。
- ドアのちょうつがい部分にすき間防止カバーをつける。
- テーブルなどの角にガードをつける。
- ボタン電池、タバコ、薬などの誤飲しやすいものは、子どもの手の届くところに置かない。
- いすやソファからの転落に注意する。

飾り枠

たより

○○○○○○○○園
○○年○○月○○日
園　長　○○○○○

新しい1年が始まりました。寒さの厳しい冬本番を迎え、暖房器具や温かい食べ物・飲み物が欠かせない季節には、やけどをしてしまう危険性も高くなります。子どもはもちろん、保護者のみなさんも思わぬやけどをしてしまわないように注意しましょう。

やけどを防ぐには「触らせない」

家庭内でのやけどの多くは、キッチンやリビングで発生しています。キッチンでは調理中のようすを見にきた子どもが、ガスこんろやなべ、フライパン、オーブンやトースターなどに触れてしまうことが考えられます。また、テーブル上の熱い飲み物や食べ物に手を伸ばしてしまうこともあります。

家庭内に潜む「やけどをしてしまう危険」について、しっかりと子どもたちに伝えてください。

安全な服装で

冬場の寒い時に、マフラーの端を長く垂らしていると、遊具などに引っかかってしまいます。普段から端が短めになるように巻いておき、遊ぶ時は外しましょう。

帰りが遅くなってしまったら
明るく見通しのよい道を通ろう

明かりが少なくて暗い道や、物陰が多くて見通しの悪い道、人通りの少ない寂しい道は、事件に巻き込まれてしまう可能性が高くなります。

子どもの安全を守るためだけではなく、保護者自身の身を守るためにも、できるだけ明るくて見通しのよい道や、人通りの多い道を選んで歩くようにしましょう。

安全

DVD-ROMの使い方

DVD-ROMの使い方を簡単に説明します。
※お使いのパソコンのOSや、ソフトウエアのバージョンによって違いがありますので、
詳細については、それぞれのマニュアルを確認してください。

DVD-ROMのファイル内のindex.htmlをダブルクリックするとウェブブラウザーが起動してメニュー画面が表示されます。

メニューは本書のページと対応しています。目的のページをクリックすると一覧が表示されます。

画面上では、健康編（黄緑色）、食育編（ピンク色）、安全編（水色）で表示しています。ご使用になりたい章のところのページをクリックしてください。

文例をそのまま使う場合

書きかえないでそのままお使いになる場合は、jpg版が便利です。

カラーまたは、モノクロをクリックしてパネルを開きます。
右クリックして、「名前を付けて画像を保存」を選択し、デスクトップなどに保存します。保存した文例をワープロソフトにはりつけます。

テキストデータを使って文章を変更する場合

文章やフォントなどをかえたい場合はテキストデータが便利です。

■ワープロソフトにはりつけた後、文例の文字を変更する

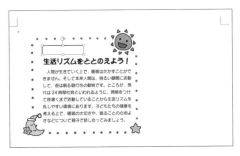
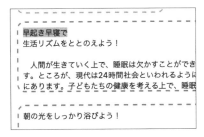

メニューのイラストカットの下に文例のテキストがあります。これをコピーしてはりつけます。

文例をはりつけた後、その上からテキストボックスを挿入します。

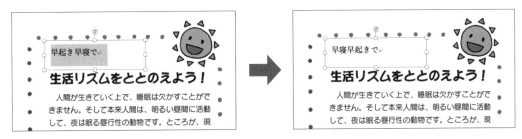

書きかえたい文字の左端にカーソルを合わせ、クリックしたまま右方向へマウスを動かして選択します（ドラッグする）。そのまま文字を入力すると上書きされます。

■文字のフォントやサイズ、色を変更する

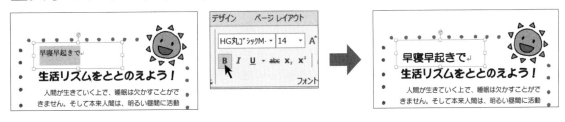

フォントを変更したい場合は、文字をドラックして選択し、「ホーム」タブのフォントから好きなフォントを選んでクリックします。

サイズをかえたい場合は、サイズをかえたい文字を選択し、「ホーム」タブの「フォントサイズ」から好きなサイズを選んでクリックします。また、太字にしたい場合には、太字にしたい文字を選択し、「ホーム」タブの「B（太字）」をクリックします。

色をかえたい場合には、同じく色をかえたい文字を選択し、「ホーム」タブの「フォントの色」から好きな色を選んでクリックします。

収録されているたよりを使用する場合

　DVD-ROM内に「ほけんだより」「食育だより」「安全だより」のjpg版(「モノクロ」「カラー」)、Word版(「モノクロ」「カラー」)が収録されています。使用したいたよりの「jpg版」または「Word版」をご使用ください。

　Word版を使って文章の書きかえをしたり、不要な文例やイラストを削除して、あいたスペースにDVD-ROM内から、ほかの文例やイラストをさしかえたり、園独自の文を入力するなどしてご使用できます。

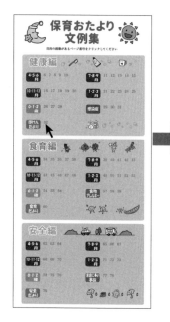
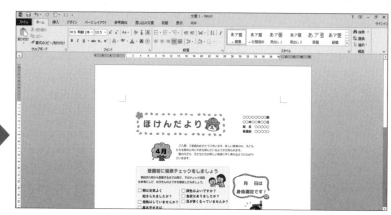

※各たよりの右端に園・所名や発行の年月日、園(所)長名、看護師名や養護教諭名、栄養士名などを記入できるようになっていますので、園・所の状況に合わせて、自由に書きかえてご使用ください。

ご使用にあたって

　DVD-ROMが入った袋を開封しますと、以下の内容を了解したものと判断させていただきます。

■著作権に関しまして
・本書付属のDVD-ROMに収録されているすべてのデータの著作権および許諾権は株式会社少年写真新聞社に帰属します。
・園・所内での使用、保護者向け配布物に使用する目的であれば自由にお使いいただけます。
・商業誌等やインターネット上での使用はできません。
・データをコピーして他人に配布すること、ネットワーク上にダウンロード可能な状態で置くことはできません。

■動作環境
・DVD-ROMドライブ、またはそれ以上のDVD-ROMの読み込みができるドライブ。
・ウェブブラウザーがインストールされていること。

・Microsoft Word形式(拡張子が〜.docx)のファイルを開くことができるワープロソフトがインストールされていること。

■ご使用上の注意
・このDVD-ROMはパソコン専用です。音楽用CDプレーヤー、DVDプレーヤー、ゲーム機等で使用しますと、機器に故障が発生するおそれがありますので、絶対に使用しないでください。
・DVD-ROM内のデータ、あるいはプログラムによって引き起こされた問題や損失に対しては、弊社はいかなる保証もいたしません。本製品の製造上での欠陥につきましてはお取りかえしますが、それ以外の要求には応じられません。

※公共図書館での本の貸出にあたっては、付属のDVD-ROMを図書館内で貸出できますが、館外への貸出はできません。
※DVD-ROM内のデータの無断複製は禁止させていただきます。
Microsoft、Wordは、米国Microsoft Corporationの米国およびその他の国における登録商標です。

DVD-ROMの構成

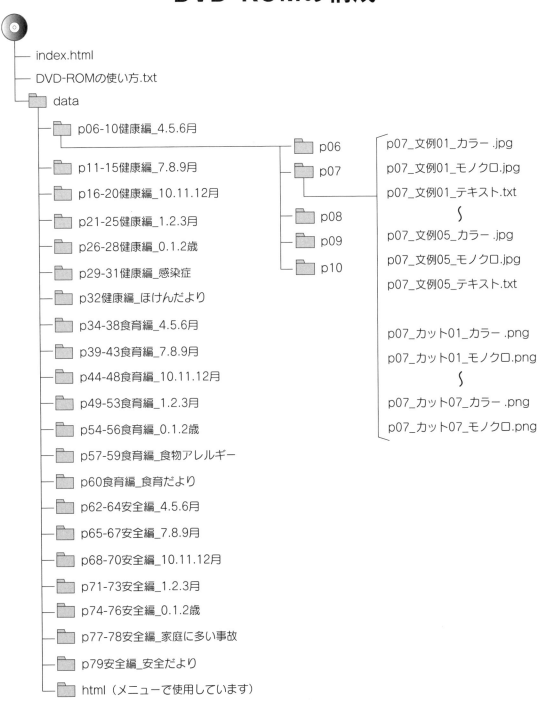

さくいん

あ

ＲＳウイルス感染症	30
赤黄緑	45,46
朝ごはん	11,12,22,35,42,60
朝の光	7,32,42,60
あせも（汗疹）	12,13,28
遊び食べ	55
遊ぶ時のマナー	70
アタマジラミ	12,31
アナフィラキシー	58
雨の日の登園	64
アレルギー（反応）	23,57,58,59
安全対策	74
安全点検	76
安全な服装	72,79
いい歯の日	18,44,47
いかのおすし	71,73
１年間の生活チェック	25
衣服の調節	16,21
いもほり	44,46
咽頭結膜熱（プール熱）	29
インフルエンザ	16,18,20,21,30
ウイルス	10,38
うがい	16,18,20,22,25,30,77
薄着	18,21
うんち	8,22,23,25,27
栄養素	35,38,45,54,56
栄養（の）バランス	18,35,44,45
エネルギー	35,46,54,56
園医	10,32
園外保育	64
園のセキュリティー	63
応急手当	14,15,23
嘔吐	7,15,26,30,32,53,58
大みそか	48
おしっこ	27
おせち料理	49
お弁当	36,37
お盆	41
おむつかぶれ	26
おやつ（間食）	35,39,43,45,56

か

会食	42,49,60
鏡開き	49,50
傘の扱い方	62
かぜ（かぜ症候群）	18,22,23,30,44,48
かぜ（の）予防	16,22,48
花粉症	23
かみごたえのある食べ物	34,47
かむ力	38
カルシウム	38
感染症	10,12,16,29
感染性胃腸炎	21,30
気管支炎	22,30
救急の日	14
休日のすごし方	8
給食	34,36,39,49
行事（食）	36,40,41,42,48,49,50,51,60
共食	49,52
切り傷	15
唇の荒れ	19
グリンピース	36
敬老の日	39,42,60
けが	9,15,64,66,67,78
下痢	7,12,22,26,30,32,41,48,53,58
健康診断	6
健康チェック	7,26,32
誤飲	74,76,77,78
交通安全	63,65,67,69
交通事故	63,67
交通ルール	62,65,67
衣がえ	10,16,17
こども１１０番	73

さ

災害用伝言ダイヤル	72
細菌	10,38
寒さ対策	70
仕上げみがき	9
紫外線（量）	12,14,66
姿勢	37

七五三	47
自転車	63,70,76
児童虐待	19
授乳	54
旬の魚	45
旬の食べ物	34,36,43,44,47,52
旬の野菜	40
消化	35,37
正月	49,71
小児救急電話相談	14
食育月間	37
食生活	37,41
食生活チェック	41
食事のあいさつ	47,53
食事の環境づくり	55
食事（の）マナー	42,45,52
食中毒	34,38,53
食物アレルギー	57,58,59
食物繊維	23,41,46
視力	17
滲出性中耳炎	24
身体測定	6,7,32
水痘（水ぼうそう）	30
水分（の）補給	13,41,56,65
水疱	23,29,30
睡眠	7,25
すききらい	53
スマートフォン（スマホ）	7,17,28,54,69
すり傷	15
生活リズム	6,7,13,17,35,42,54,60
世界禁煙デー	8
せき	7,12,22,26,30,31,32,58
せきエチケット	22
節分	49,50
雑煮	49
卒園	21,49
卒乳	54
外遊び	14,18,23,28,70

た

体温	26,35
大豆	50,51
体内時計	7
たけのこ	36
正しい靴の履き方	20

抱っこひも	75
脱水症状	13
七夕	39,40
タバコ	8,76,78
タバコの害	8
食べる意欲	36,37,56
打撲	15
端午の節句	36
窒息事故	43,56
チャイルドシート	66,75
チャイルドロック	77
中耳炎	22,24
朝食	13,25,41
通学路	73
使いやすいスプーン	55
月見	39,42,60
冷たいものの（を）とりすぎ	13,41
つめのおしゃれ	9
つめのケア	9
手足口病	29
手洗い	10,16,18,19,25,30,38,53
低温やけど	76
溺水	75
手づかみ食べ	55
手をつなごう	63,70
電子タバコ	8
伝染性紅斑（りんご病）	31
伝染性膿痂疹（とびひ）	29
転倒	64,66,67,71,72,74,76,77
転落	67,75,77,78
トイレ	8,18,22,27,53
トイレトレーニング	27
トイレのマナー	8
冬至	44,48
とうもろこし	40
年越しそば	48
突発性発疹	28
飛び出し	63
土用の丑の日	40

な

夏の疲れ	11
夏ばて	40
夏野菜	40,41
七草がゆ	49,50

項目	ページ
菜の花	52
難聴	24
入学	24,73
乳児脂漏性湿疹	28
乳児の健康チェックポイント	26
熱中症	11,13,62,65,66
脳の働き	37
ノーメディアデー	17
ノロウイルス	30,53

は

項目	ページ
排泄の発達過程	27
排便	8,35
はさみを使う時	64
はし	51
はしの持ち方	51
はちみつ	56
発熱（熱）	7,12,22,24,26,28,29,30,31,32,48
歯と口の健康週間	6,9,34
鼻の日	13
花火で遊ぶ時	66
鼻水	7,12,22,23,26,30,32,58
歯みがき	6,18,25,28,77
早起き早寝	6,7,11,16,25,35
ハロウィーン	44,46
歯をつくる成分	38
非常用持ち出し袋	67,75
備蓄（品）	42,60,67,73
ひな祭り	49,51
避難訓練	68
避難の合い言葉	67
皮膚（の）ケア	12
皮膚（の）トラブル	12,13,14,28
皮膚の保湿	14,18,19
日焼け	12,66
風疹	30
プール（遊び）	11,12,29,65,67
不審者	63,67,69,73
冬野菜	47
ヘルパンギーナ	29
ヘルメット	70,76
偏食	52
便秘	17
防寒	70,71
防災意識	73
防災の日	42,60,65,67
帽子	11,12,13,14,65,66
母子健康手帳	24,75
発疹	7,12,26,28,30,31,32
ボツリヌス菌	56
母乳	54

ま

項目	ページ
迷子対策	69
マイコプラズマ肺炎	31
麻疹（はしか）	30
マスク	22,30
みがき残しやすい場所	9
水いぼ（伝染性軟属腫）	29
耳の日	24
見る機能	17
むし歯（を）予防	6,37,44
目覚めのスイッチ	35
もち	50
桃の節句	51

や

項目	ページ
やけど	12,23,71,72,74,76,79
野菜の日	41
幼児食	56
溶連菌感染症	30
夜ふかし	43
予防接種	20,24,28

ら

項目	ページ
落下事故	75
離乳食	28,54,56
流行性角結膜炎（はやり目）	29
流行性耳下腺炎（おたふくかぜ）	31
ローリングストック法	42,60
ロタウイルス	27,30

わ

項目	ページ
和式トイレ	8
和食	47

参考文献

『子育て・子育ちを支援する 子どもの食と栄養』堤ちはる・土井正子編著　萌文書林刊
『園・学校でみられる子どもの病気百科』内海裕美監著　川上一恵・松田幸久著　少年写真新聞社刊
『実践！ 0・1・2歳児の子育て支援 発達の理解と親子へのアプローチ』こどもの城小児保健部編集
　中央法規出版刊
『学校において予防すべき感染症の解説』〈平成30（2018）年3月発行〉公益財団法人 日本学校保健会刊
『最新 保育保健の基礎知識』第8版改訂　巷野悟郎監修　日本保育園保健協議会編集　日本小児医事出版社刊
『たまひよ新・基本シリーズ 初めての育児 最新版』川上義監修　ひよこクラブ編　ベネッセコーポレーション刊
『坂本廣子のつくろう！ 食べよう！ 行事食①正月から桃の節句』坂本廣子著　奥村彪生監修　少年写真新聞社刊
『坂本廣子のつくろう！ 食べよう！ 行事食②花見からお盆』坂本廣子著　奥村彪生監修　少年写真新聞社刊
『ビジュアル版 見てわかる すぐわかる 楽しい食教材　そしゃくで健康づくり　育てようかむ力』柳沢幸江著
　少年写真新聞社刊
食中毒を防ぐ3つの原則・6つのポイント　政府広報オンライン
『新版 食物アレルギーの栄養指導 食物アレルギーの栄養食事指導の手引き2017年準拠』海老澤元宏監修
　今井孝成・高松伸枝・林典子編集　医歯薬出版刊
「災害時のこどものアレルギー疾患対応パンフレット」日本小児アレルギー学会
『キッズ・メディカ安心百科　子ども医学館』横田俊一郎・渡辺博編集　小学館刊
「子どもを事故から守る！！ 事故防止ハンドブック」消費者庁
「乳幼児のやけど事故防止ガイド」ヒヤリ・ハットレポート No.8　東京都
「乳幼児の転落・転倒事故防止ガイド」ヒヤリ・ハットレポート No.11　東京都
「乳幼児の身の回りの製品事故防止ガイド」ヒヤリ・ハットレポート No.12　東京都
「乳幼児の家庭内の水回り事故防止ガイド」ヒヤリ・ハットレポート No.13　東京都
「乳幼児と保護者、妊産婦のための防災ハンドブック」日本子ども家庭総合研究所
「チャレンジ防災48」総務省消防庁
「「幼児2人同乗用自転車」をご利用の皆様へのお願い」一般社団法人 自転車協会
消費者庁HP
文部科学省HP
厚生労働省HP
警視庁HP　ほか

『ほけんニュース』付録 No.374～No.409
『たのしくたべようニュース』付録 No.355～No.402
『よいこのあんぜんニュース』付録 No.342～No.377
以上、少年写真新聞社刊

★ **監修者プロフィール** ★

川上 一恵
（かわかみ かずえ）

1987年筑波大学医学専門学群卒業。1994年筑波大学大学院博士課程修了。筑波大学附属病院、（株）日立製作所水戸総合病院、茨城県立こども病院で研修。2005年よりかずえキッズクリニック院長。
日本小児科学会認定専門医。日本小児科医会 子どもの心相談医、地域総合小児医療認定医。
『園・学校でみられる 子どもの病気百科』共著　少年写真新聞社刊

★ **イラストレータープロフィール** ★

のびこ

東京都出身・在住。イラストレーター、漫画家、切り紙・ハンドクラフト作家。そのほか、イラストレシピ制作なども手がけている。いつか1コマ川柳漫画「のび猫」を本にするのが夢。
『たべるってたのしい！　げんきいっぱいあさごはんのじゅつ』少年写真新聞社刊の絵を担当。
【ブログ】http://blogs.yahoo.co.jp/nobi_neko28

※本書を無断で複写・複製・転載・デジタルデータ化することを禁じます。乱丁・落丁本はお取り替えいたします。
※公共図書館での本の貸出にあたっては、付属のDVD-ROMを図書館内で貸出できますが、館外への貸出はできません。
※DVD-ROM内のデータの無断複製は禁止させていただきます。

健康・食育・安全の文例・イラストがいっぱい！
保育おたより文例集　DVD-ROMつき

2019年3月16日　初版第1刷発行
監　修　川上一恵
発行人　松本 恒
発行所　株式会社 少年写真新聞社　〒102-8232 東京都千代田区九段南4-7-16 市ヶ谷KTビルI
　　　　TEL 03-3264-2624　FAX 03-5276-7785
　　　　URL http://www.schoolpress.co.jp/
印刷所　図書印刷株式会社
©Shonen Shashin shimbunsha 2019 Printed in Japan
ISBN978-4-87981-663-4　C3037

スタッフ　■編集　二瓶奈保美　■DTP　木村麻紀　■Word制作　金子恵美　■表紙デザイン　井元ひろい　■DVD-ROM制作　植野真起
　　　　　■校正　石井理抄子　松尾由紀子　■編集長　北村摩理